MINISTÈRE DE LA GUERRE

RÈGLEMENT DU 12 JUIN 1875

SUR

LES MANŒUVRES

DE L'INFANTERIE

AVEC

RAPPORT A M. LE MINISTRE DE LA GUERRE

TITRE PREMIER
BASES DE L'INSTRUCTION

TITRE DEUXIÈME
ÉCOLE DU SOLDAT

PARIS
LIBRAIRIE MILITAIRE DE J. DUMAINE
LIBRAIRE-ÉDITEUR
Rue et Passage Dauphine, 30

1875

RÈGLEMENT DU 12 JUIN 1875

SUR

LES MANŒUVRES

DE L'INFANTERIE

Par décision du 12 juin 1875, le présent
Règlement est substitué à celui du 16 mars
1869 sur les Manœuvres de l'infanterie.

Il sera mis immédiatement en pratique
dans les corps d'infanterie de l'armée.

Paris. — Imprimerie J. DUMAINE, rue Christine, 2.

RAPPORT

AU

MINISTRE DE LA GUERRE

La Commission chargée de la révision de l'ordonnance du 16 mars 1869, sur les exercices et les manœuvres d'infanterie (1), croit devoir mettre sous les yeux de Son Exc. le Ministre de la guerre l'exposé des principales considérations qui l'ont guidée dans la recherche des changements à faire subir au règlement.

La Commission a pensé qu'elle devait d'abord déduire les motifs de cette révision de l'étude des

---

(1) Cette Commission est composée ainsi qu'il suit :
MM. le général Blot, sous-chef de l'état-major général du Ministre de la guerre, Président.
le général de Launay, membre.
le lieutenant-colonel d'Arbo, du 82e, membre.
le lieutenant-colonel Leclère, du 105e, membre.
le chef de bataillon Grisot, de la légion étrangère, membre.
le chef de bataillon Dupuy-Montbrun, du 62e, membre secrétaire.
le capitaine Borrelli-de-Serres, du 69e, membre (promu major au 55e à la date du 8 mai 1875 ; a cessé, à partir de ce jour, de prendre part aux travaux de la Commission);
le capitaine Cardot, du 98e, membre.

modifications apportées dans ces derniers temps
au mode d'action de l'infanterie, afin de pouvoir
arrêter, d'après les résultats de l'expérience, et
tout en tenant compte des principes déjà con-
tenus dans les règlements en vigueur, les formations et les procédés applicables aux besoins
nouveaux.

Puis, en raison des modifications qui devaient
résulter pour les règlements tactiques de ces considérations générales, la Commission, se plaçant
au point de vue si important de l'instruction,
avait à rechercher la meilleure méthode à suivre
aujourd'hui pour dresser les troupes en vue de la
guerre.

Cette étude préliminaire, indispensable pour
déterminer avec sûreté et précision les éléments
d'appréciation nécessaires à l'établissement du
travail, imposait à la Commission une double
tâche :

1° Rechercher les formations tactiques les plus
convenables pour donner satisfaction complète
aux exigences actuelles ;

2° Etablir une méthode d'instruction qui rende
la pratique de ces formations familière à la troupe
et à ses chefs.

Le sommaire suivant fera suffisamment voir
l'enchaînement des idées développées dans ce
rapport.

MINISTÈRE DE LA GUERRE

RÈGLEMENT DU 12 JUIN 1875

SUR

LES MANŒUVRES

DE L'INFANTERIE

TITRE PREMIER
BASES DE L'INSTRUCTION

TITRE DEUXIÈME
ÉCOLE DU SOLDAT

SUIVI DES

EXERCICES D'ASSOUPLISSEMENT

(Extrait de l'Instruction du 24 avril 1846).

PARIS

LIBRAIRIE MILITAIRE DE J. DUMAINE
LIBRAIRE ÉDITEUR
Rue et Passage Dauphine, 30.

1875

SOMMAIRE.

PREMIÈRE PARTIE.

1° Éléments d'appréciation puisés par la Commission dans l'étude des caractères généraux du combat moderne.

Causes principales des modifications survenues dans les formations tactiques de l'infanterie.

Importance prépondérante du feu.

Inconvénients des formations en ordre serré.

Nécessité d'adopter l'ordre dispersé pour les troupes en première ligne.

La compagnie unité de combat, le bataillon restant unité tactique.

Conditions qui s'imposent actuellement aux formations de combat de l'infanterie.

Inconvénients de l'ordre dispersé comme procédé tactique.

Moyens d'y remédier.

2° Esprit des prescriptions réglementaires en vigueur.

Leurs lacunes.
Nécessité d'y pourvoir.

3° Limites du travail.

DEUXIÈME PARTIE.

**1° Formation normale proposée
pour le bataillon en première ligne.**

2° Discussion de cette formation.

La formation reste dans l'esprit des anciens règlements.

Relations des tirailleurs et du bataillon.

Densité de la ligne de feu au moment décisif. Front d'action du bataillon.

Disposition des divers échelons; détermination de leurs distances entre eux, en supposant l'ennemi à une distance donnée.

Détermination de la force des échelons.

Fonctionnement, liaison et action réciproque des divers échelons, dans l'offensive et dans la défensive.

La formation proposée remplit-elle les conditions auxquelles doit satisfaire une bonne formation de combat?

Moyens de remédier aux inconvénients que peut présenter la formation proposée.

TROISIÈME PARTIE.

Déduire des principes fondamentaux de la tactique nouvelle les bases sur lesquelles doit reposer la méthode d'instruction.

Résumé des principes fondamentaux de l'ordre dispersé.

Conditions que doit remplir par suite la méthode d'instruction.

Examen détaillé de ces conditions.

Comment la méthode d'instruction satisfait aux conditions qui viennent d'être énoncées.

PREMIERE PARTIE.

1° Éléments d'appréciation puisés par la Commission dans l'étude des caractères généraux du combat moderne.

Causes principales des modifications survenues dans les formations tactiques de l'infanterie.

Un fait incontestable s'est produit : les perfectionnements apportés depuis un certain nombre d'années à l'armement de l'infanterie et à celui de l'artillerie ont profondément modifié la physionomie du combat. Les effets dus à l'augmentation de la portée, de la justesse et de la rapidité du tir ont dépassé toutes les prévisions. L'expérience des dernières guerres le prouve surabondamment : les faits qui s'y sont produits de la manière la plus irrésistible ont provoqué des études dont les conclusions sont déjà adoptées dans presque toutes les armées étrangères.

Aussi la discussion a-t-elle fait ressortir et admettre par la Commission comme de véritables axiomes les principes généraux suivants :

1° Importance prépondérante du feu comme mode d'action ;

2° Impossibilité, pour une troupe d'un effectif un peu considérable, de se mouvoir et de combattre en ordre serré dans la zone efficace du feu ennemi, soit en ligne, soit en colonne ;

3° Par suite, nécessité de fractionner les troupes en première ligne, et d'adopter pour elles le mode d'action en ordre dispersé;

4° Translation forcée du combat sur la ligne de tirailleurs, autrefois chargée seulement de la préparation.

Importance prépondérante du feu.

Du principe général qui consacre aujourd'hui la prépondérance de l'action du feu, découle l'obligation d'adopter d'autres procédés tactiques plus en rapport avec les exigences du combat actuel.

A l'avenir, les effets matériels produits par un feu supérieur donneront la supériorité morale qui procure le succès. Il est donc plus que jamais indispensable de remplir les deux conditions suivantes : 1° augmenter l'effet utile de son feu ; 2° se soustraire en même temps, autant que possible, aux atteintes du feu ennemi.

Inconvénients des formations en ordre serré.

Des troupes massées en colonne ou en ligne pleine ne sauraient plus, sous le feu, manœuvrer, combattre, ni même se tenir en position, à moins qu'une configuration avantageuse du terrain ne compensât les inconvénients d'une disposition devenue trop vulnérable. Ces formations offrent au tir de l'adversaire des buts trop étendus ; elles ne permettent pas aux armes actuelles de produire tout leur effet utile ; elles n'ont pas une mobilité suffisante, ni assez de souplesse et d'élasticité pour qu'on puisse utiliser tous les couverts du terrain. Dans ces conditions, elles ne

présentent même plus, en raison des effets des-
tructeurs du feu, les garanties de solidité ni les
ressources qu'elles offraient jadis pour maintenir
la cohésion et faciliter au chef la direction de la
troupe.

Ces précieux avantages, plus indispensables
que jamais, devront donc être recherchés aujour-
d'hui, à portée du tir ennemi, dans des formations autres que celles de l'ordre serré, ce dernier
étant d'ailleurs conservé partout où une nécessité réelle n'obligera point à l'abandonner.

Nécessité d'adopter l'ordre dispersé pour les troupes en première ligne.

L'importance prépondérante du feu comme
mode d'action et l'impossibilité de présenter en
ordre compacte des troupes au combat imposent
la nécessité d'adopter l'ordre dispersé pour les
troupes en première ligne; cette expression d'ordre
dispersé ne s'applique pas exclusivement à la formation en tirailleurs, mais au fractionnement des
troupes en contact avec l'ennemi; les dispositions
qu'elles prendront variant, du reste, suivant les
circonstances, le terrain, l'éloignement de l'adversaire et les phases du combat.

Dans cet ordre, l'infanterie pourra augmenter
les distances entre ses lignes et ouvrir ses intervalles pour ne pas s'exposer à des pertes trop
sensibles. En même temps, la portée plus grande
du fusil donnant le moyen de concentrer de plus
loin des masses de feux sur un point choisi, on
pourra étendre davantage le front, et cependant
obtenir plus facilement des effets recherchés déjà
avec l'ancien armement, mais dont l'importance a
grandi dans une mesure considérable. Enfin,

a.

chaque fraction sera appelée à agir, sous la direction du chef supérieur, avec une initiative proportionnée à sa force et au rôle qu'elle est appelée à jouer.

Le combat, engagé maintenant à une distance où l'on manœuvrait jadis, sera soutenu à l'aide d'efforts progressifs, ayant pour but :

De ménager les forces physiques et morales du soldat ; d'amener successivement sur la ligne de combat des secours partiels qui apporteront un appoint nouveau de confiance et d'énergie ; et de maintenir ainsi jusqu'au dernier moment les liens tactiques, qui pourraient se relâcher si facilement et se perdre si vite pendant l'action.

C'est ainsi qu'on pourra réaliser dans la pratique le principe de la translation du combat à la chaîne des tirailleurs.

L'attaque de front consistera ordinairement à s'avancer progressivement à une distance telle que la supériorité du feu et la supériorité morale déjà acquises deviennent irrésistibles. Plus souvent que par le passé, on la combinera avec des attaques de flanc.

La défense devra rechercher des positions favorables, les occuper convenablement et les renforcer même par quelques travaux rapides ; elle profitera des avantages de ces positions pour donner à son feu toute la sûreté et toute l'efficacité possibles ; mais elle devra plus fréquemment aussi abandonner sans hésitation son rôle passif, et prendre résolûment l'offensive au moment opportun. Dans tous les cas, une préparation suffisante obtenue par la concentration des feux sera une condition indispensable pour arriver à une solution décisive.

La compagnie unité de combat, le bataillon
restant l'unité tactique.

Les considérations qui précèdent conduisent
naturellement à une autre conclusion.

Il est évident que, dans le combat en ordre
dispersé, le bataillon en première ligne, pour lequel le fractionnement vient d'être reconnu indispensable, ne pourra plus être commandé directement et à la voix par son chef, comme doit l'être
toute troupe en contact immédiat avec l'ennemi.

Dans la compagnie seule, cette manière de commander sera encore possible au capitaine ; on est
ainsi conduit à regarder la compagnie comme la
véritable unité de combat.

Mais la compagnie est trop faible pour conduire seule une action ; elle n'a pas la force
nécessaire pour remplir une mission indépen-
dante ; le bataillon, au contraire, réunit les conditions indispensables pour mener à bonne fin
une entreprise ordonnée sur un point déterminé ;
d'ailleurs, c'est au bataillon, non à la compagnie, que s'adressera en toutes circonstances
l'autorité supérieure. C'est donc au chef de bataillon à exercer la direction d'ensemble sur ses
quatre unités de combat, à faire converger leurs
efforts vers un but commun. Le bataillon est toujours le centre d'action ; c'est un corps dont les
compagnies, unités de combat, sont les bras. Il
s'ensuit qu'il reste l'unité tactique.

Conditions qui s'imposent actuellement aux
formations de combat de l'infanterie.

Ces caractères essentiels du combat moderne
ont été unanimement reconnus et acceptés par la

Commission, qui les a pris pour bases de son travail. Elle en a conclu que le règlement appelé à consacrer la nouvelle tactique doit s'imposer comme but l'adoption de l'ordre dispersé pour les troupes en première ligne, et que toutes ses prescriptions doivent tendre à introduire dans la pratique : le fractionnement de l'unité tactique actuelle en unités de combat; l'échelonnement de ces unités et de leurs fractions en groupes de moins en moins compactes à mesure qu'ils se rapprochent davantage de l'ennemi; le développement dans chacune d'elles d'une initiative et d'une activité qui leur soient propres; la souplesse et l'élasticité des formations; la simplicité des mouvements et des manœuvres; enfin, dans tout l'ensemble, une cohésion intime, qui devra exister toujours, mais qui ne sera plus comme autrefois subordonnée au commandement à la voix, au tact des coudes, à la rigidité des lignes et à la correction de l'attitude.

Ce mode d'action s'impose; il faut donc l'accepter et le réglementer, en utilisant ses avantages et en atténuant ses inconvénients.

Inconvénients de l'ordre dispersé comme procédé tactique.

L'ordre dispersé a certainement des inconvénients. Les dernières guerres ont surtout fait ressortir les suivants :

L'absence d'une réglementation suffisante pour l'initiative individuelle développée jusqu'à ses dernières limites peut souvent être une cause de confusion et de désordre.

La trop grande dispersion des éléments qui prennent part à une action peut créer des difficultés de direction, et, par l'affaiblissement des liens tactiques, produire des divergences dans les efforts tentés en vue du but commun.

Enfin, pour ces motifs, ce nouveau mode de combat exige que les unités, même les plus petites, ainsi que leurs chefs, reçoivent une éducation militaire plus forte, à défaut de laquelle les uns et les autres seraient au-dessous du rôle qu'ils sont appelés à remplir.

Moyens d'y remédier.

On parviendra à éviter ces inconvénients de la tactique nouvelle, si l'on réglemente avec soin l'ordre dispersé, et si l'on y exerce les troupes en temps de paix, dans des circonstances aussi semblables que possible à celles de la guerre, de telle façon que, par l'emploi d'une formation simple, toujours et partout praticable, cet ordre leur devienne promptement familier. Dans le même but, on devra s'attacher par tous les moyens à maintenir la cohésion dans chaque fraction ; les chefs, quels que soient leur grade, devront, dans l'usage qu'ils feront de leur initiative individuelle, apprendre à mesurer la part de responsabilité qui leur incombe ; enfin on augmentera la valeur intellectuelle et morale de tous, officiers et soldats, au moyen d'une instruction technique plus complète et d'une éducation militaire plus forte et plus développée.

2° Esprit des prescriptions réglementaires en vigueur.

Leurs lacunes.

Il faut bien reconnaître que les règlements en vigueur ne permettent pas de satisfaire à ces nécessités de la situation actuelle. Rédigés en vue de l'action méthodique et uniforme des troupes sur un espace restreint, ils ont pour moyens la répétition d'efforts successivement fournis par des masses, et l'alternative du feu et du choc à rangs serrés. D'après ces règlements, en principe, la véritable ligne de combat est le bataillon déployé ou en colonne; les tirailleurs ne forment habituellement devant elle qu'un rideau, sauf dans quelques cas particuliers, où ils prennent une importance momentanée.

En somme, les règlements actuels ne donnent guère de prescriptions pratiques pour la conduite du combat en ordre dispersé. Ils n'indiquent pas les moyens à employer pour utiliser le terrain, ni pour régulariser l'action individuelle que ne comportent pas les formes compactes. Ils ne fournissent pas d'instructions précises pour les unités qui, tout en concourant à une action d'ensemble, doivent cependant, dans l'exécution, jouir d'une certaine latitude. Enfin la portée et la précision plus grandes des armes nouvelles rendent les formations qu'ils indiquent impraticables pour les troupes en première ligne.

Nécessité d'y pourvoir.

Les indications vagues et générales destinées

jusqu'ici à combler ces lacunes ont été insuffi-
santes et n'ont amené qu'incertitude ; leur application varie suivant les corps; ces divergences
ne permettent pas de donner à l'instruction de
l'armée l'homogénéité qui lui est indispensable.

Il est donc permis d'affirmer qu'une révision
des règlements et leur appropriation aux nouveaux procédés tactiques sont devenues absolument nécessaires.

3° Limites du travail.

Quoi qu'il en soit de ces conclusions, il n'était
pourtant pas indispensable, pour obtenir le résultat qui s'imposait, de bouleverser complète-
ment nos règlements actuels.

Les formations à rangs serrés, par exemple,
pouvaient être conservées en partie, comme
moyen d'éducation, et aussi comme devant servir
surtout aux troupes en dehors du feu ; il fallait y
introduire quelques dispositions nouvelles en har-
monie avec l'ordre nouveau. Des mouvements devaient être supprimés, comme devenus inutiles
ou comme faisant double emploi, d'autres seulement simplifiés sous le rapport des commandements ou du mode d'exécution.

Malgré les lacunes signalées plus haut, la Commission, pour organiser l'ordre nouveau, trouvait
d'ailleurs, dans les anciens règlements, une partie des principes qui devaient servir de base à
son travail ; elle pouvait prévoir d'avance que
dans beaucoup de cas elle aurait simplement à
reproduire dans un autre ordre d'idées leurs principales dispositions en les développant et en les
complétant.

Il y avait donc lieu de retoucher, pour les approprier à l'ordre dispersé, les différentes écoles du règlement et aussi de les simplifier afin de satisfaire aux exigences d'un temps de service plus court.

En revanche, les prescriptions applicables au nouveau mode d'action devaient recevoir un notable développement. Tout en conservant le bataillon comme unité tactique, alors que la compagnie devenait unité de combat, il fallait, sans trop s'écarter des règles déjà admises, répartir l'instruction dans les différentes écoles, de manière à la rendre méthodique et progressive (par exemple, tout ce qui regarde l'instruction du soldat en tirailleur devait être compris dans l'école du soldat, et ainsi des autres) ; enfin, pour lui donner un caractère plus pratique, il restait à y introduire l'alternative des exercices de combat et des exercices à rangs serrés.

Mais avant de discuter dans le détail les formes, les règles du nouveau mode d'action, la Commission a pensé qu'il était sage, pour mieux fixer les idées et pour avoir une base bien définie, de déterminer une formation normale de combat pour le bataillon en première ligne.

La différence faite plus haut entre l'unité tactique et l'unité de combat amène en effet à penser qu'il est logique d'établir d'abord la formation fondamentale du bataillon plutôt que de commencer par celle de la compagnie. L'étude de la formation de combat du bataillon aura d'ailleurs l'avantage de faire ressortir le rôle important de la compagnie, tout en faisant voir comment elle doit toujours se conformer aux intentions du chef de bataillon et rester sous sa direction, de telle sorte que la cohésion soit assurée.

La Commission a pris du reste pour principe

l'idée renfermée déjà dans les anciens règlements,
et l'a modifiée d'après les faits d'expérience con-
statés plus haut, surtout en raison de cette circonstance, que la ligne de combat est reportée
aujourd'hui sur la chaîne de tirailleurs.

La formation proposée a été admise comme un
type qui s'applique également au service de sûreté en marche ou en station, et se prête à tous
les cas particuliers, à l'aide de quelques changements dans la disposition et le rôle de ses
éléments, dans leurs distances et dans leurs intervalles.

DEUXIÈME PARTIE.

1° Formation normale proposée pour le bataillon en première ligne.

Le bataillon en première ligne manœuvre et combat partie à rangs serrés, partie en tirailleurs.

Il est disposé en quatre échelons.

Les trois premiers, habituellement fournis par deux compagnies accolées, forment la ligne de combat, et sont placés dans chaque compagnie sous le commandement du capitaine. Ils se composent :

1° De la chaîne des tirailleurs ;
2° Des renforts ;
3° Des soutiens ;

Dans chaque unité de combat, la chaîne et les renforts destinés à se doubler assez rapidement sont intimement liés et, par suite, doivent être placés sous un même commandement, celui d'un officier de la compagnie. Le troisième échelon, le soutien, sous le commandement d'un autre officier, a pour mission d'appuyer, de développer, d'accentuer l'action de la ligne de feu, et de relier cette dernière avec la réserve du bataillon. Quoiqu'il appartienne aux mêmes unités que les deux premiers, on doit éviter le plus longtemps possible de le laisser se fondre avec eux ; aussi ne faut-il en détacher, avant le moment décisif, que juste assez de monde pour que le feu rapide ait tout son effet utile. Dès que la tournure du combat ne permet plus de conserver intact ce troisième échelon, le rôle qu'il remplissait d'abord incombe à une des compagnies de la réserve.

Cette réserve, formée de deux autres compagnies du bataillon, réunies dans le principe, ou échelonnées suivant les circonstances, mais séparées en tous cas dès que le besoin s'en fait sentir, constitue le quatrième échelon ; ses mouvements sont réglés sur ceux des échelons placés en avant d'elle.

Ces divers échelons se succèdent, les derniers se rapprochant des premiers et les remplaçant au fur et à mesure, jusqu'au moment où tous viennent prendre part au combat.

Les chefs des différentes fractions ont, dans les limites fixées plus loin, le choix des dispositions les plus convenables pour abriter leur troupe et pour coopérer à l'action de l'ensemble.

Les commandants des compagnies qui constituent la ligne de combat se placent à l'endroit d'où ils peuvent le mieux voir et diriger l'action, habituellement vers le centre du terrain occupé par leur compagnie ; s'il en est besoin, ils se portent quelquefois sur la chaîne des tirailleurs ; ils jouissent d'une part d'initiative qui leur permet de tenir compte des circonstances imprévue, sans cesser toutefois de se conformer aux intentions du chef de bataillon.

Celui-ci règle les mouvements de l'ensemble ; il possède, de plus, dans l'emploi des compagnies de la réserve, les moyens d'intervenir à chaque instant dans le combat des tirailleurs ; il garde sous la main, dans tous les cas et aussi longtemps que possible, une fraction à rangs serrés.

2° Discussion de la formation.

La formation fondamentale reste dans l'esprit des anciens règlements.

Dans toute la discussion qui va suivre, lorsqu'il n'est pas fait mention expresse d'une hypothèse particulière, on suppose le cas le plus habituel, celui d'un bataillon employé en première ligne, encadré dans un ordre de bataille et engagé dans un combat sérieux.

Il a paru important à la Commission de montrer tout d'abord que la formation qui va être étudiée dans ses détails et son fonctionnement est contenue implicitement dans les règlements antérieurs.

En effet, bien que le règlement de 1869 ne donne que les moyens de disposer une compagnie ou un bataillon en tirailleurs, et n'enseigne que le mécanisme des mouvements, le n° 124 du titre V entre dans un autre ordre d'idées, en imposant aux officiers l'obligation d'étudier en outre tous les détails des petites opérations de la guerre dans lesquelles l'action des tirailleurs est appelée à jouer un rôle important.

La Commission n'a eu qu'à combler la lacune visée par cette prescription du règlement, en y introduisant les instructions pratiques que les officiers devaient jusqu'ici rechercher ailleurs, et le principe de l'importance constante et non plus exceptionnelle du rôle des tirailleurs.

Toutes les propositions de la Commission pour rendre l'instruction plus complète et pour généraliser le combat de tirailleurs sont donc pleinement justifiées par le texte même des anciens règlements.

En outre, le n° 447 (1) (titre VI du même règlement) prescrit de placer le bataillon à l'abri des feux de mousqueterie ; aujourd'hui cette condition ne peut être remplie que si l'on met entre le bataillon et les tirailleurs une distance telle qu'il faudra à la chaîne non-seulement des renforts, mais une réserve spéciale. Cette réserve est d'autant plus indispensable que les renforts iront très-rapidement se fondre dans la chaîne. Il faut donc ménager de nouveaux points d'appui à cette ligne mince et décousue.

C'est l'un des rôles des soutiens.

D'ailleurs la présence de ces soutiens est formellement indiquée dans le règlement de 1862 (n°s 4, 5 et 6 du titre IV) (2). Seulement, à l'ave-

---

(1) 447. Les pelotons de tirailleurs se tiennent à une distance du bataillon qui varie suivant les circonstances et la nature du terrain. Cette distance doit être telle que le bataillon soit protégé contre les feux de l'ennemi, sans que l'action des tirailleurs cesse d'être liée à celle du bataillon ; le bataillon, de son côté, doit choisir la position et la formation les plus avantageuses pour se mettre à l'abri.

(2) 4. Une troupe qui tiraille doit toujours avoir une réserve dont la force et la composition varient suivant les cas.

5. Si cette troupe est assez rapprochée du corps principal pour en être soutenue, il suffit d'avoir pour chaque compagnie une petite réserve fixée par le commandant de la troupe et destinée à boucher les vides, à porter des cartouches à la ligne, à relever les tirailleurs fatigués, à servir de point de ralliement.

nir l'opération de relever les tirailleurs sera toujours fort difficile et très-rarement possible sous le feu de l'ennemi; de plus, l'effectif des soutiens devra être tel qu'il permette de donner au moment décisif une force suffisante à la ligne de feu. Les mêmes principes se retrouvent déjà dans le travail de la commission qui s'est occupée, en 1867, de la révision des manœuvres.

En résumé, tout en restant dans l'esprit des anciens règlements, on peut donc donner au bataillon la disposition suivante :

Tirailleurs et renforts.
Soutiens.
Réserve.

Relations des tirailleurs et du bataillon.

Non-seulement la formation proposée est contenue implicitement dans les anciens règlements, mais le jeu des différents échelons y est même indiqué.

Le n° 448 (titre VI) du règlement de 1869 est ainsi conçu : « Lorsque les pelotons de tirailleurs sont chargés d'éclairer le bataillon, leurs mouvements sont subordonnés aux siens; mais, dans l'action, ils acquièrent une certaine indépendance,

---

6. Si le corps principal se trouve à une trop grande distance, il faut, outre les réserves de compagnie, une autre réserve composée de pelotons entiers destinés à soutenir et à renforcer les parties de la ligne qui seraient vivement attaquées; cette réserve doit être assez forte pour pouvoir relever au moins la moitié des pelotons employés en tirailleurs.

Ces petites réserves de compagnies et ces réserves générales composées de pelotons entiers se retrouvent dans la formation proposée : RENFORTS ET SOUTIENS.

et c'est alors souvent au bataillon à subordonner ses mouvements aux leurs, à moins qu'il ne le juge inutile. » La Commission s'est placée au même point de vue ; elle reconnaît la nécessité d'éclairer un bataillon qui se porte en première ligne, et il est bien entendu que les quelques éclaireurs qui précèdent, non plus le bataillon, mais la ligne de combat, conforment leurs mouvements à la direction générale.

« Dans l'action, dit d'autre part le texte cité plus haut, les tirailleurs acquièrent une certaine indépendance, et c'est souvent au bataillon à subordonner ses mouvements aux leurs. » Cette importante remarque résume en quelque sorte tout le combat moderne, puisque c'est maintenant la ligne de tirailleurs qui est chargée du rôle principal. Mais le règlement ajoute, n° 450 : « Il est bien entendu qu'en tout cas les tirailleurs n'agissent que conformément aux intentions, aux ordres et à la volonté du chef de bataillon. » Il indique ainsi les limites de cette indépendance et atténue ce que ce mot en lui-même aurait de trop absolu, en laissant toujours la direction générale au chef de l'unité tactique.

Les capitaines des compagnies qui forment la ligne de combat ont reçu les instructions et les ordres du chef de bataillon et cherchent à les exécuter en usant de leur initiative et suivant les moyens dont ils disposent ; mais ils ont à lutter contre une volonté opposée, celle de l'adversaire ; souvent, par les péripéties du combat et par la force des circonstances, ils seront irrésistiblement entraînés soit à s'écarter de la direction primitive, soit à précipiter les phases de la lutte.

Alors le chef de bataillon, qui a réglé ses mouvements sur ceux des tirailleurs tant que la marche de l'action a été conforme à ses vues, peut, tout en laissant aux capitaines des compagnies engagées leur part d'initiative, soit rectifier une direction défectueuse, soit modifier ses propres desseins. Il possède, en outre, dans l'emploi judicieux et opportun des compagnies de la réserve, un moyen d'intervention toujours assuré. Il peut donc, à chaque instant, remédier aux fautes commises, parer à des circonstances imprévues et régler la marche du combat. L'entrée en ligne successive des troupes qu'il garde sous la main lui permet de faire sentir toujours son impulsion, d'accélérer, de précipiter à son gré les phases de l'engagement, dont il peut même changer la direction première; mais il ne doit point chercher à retirer du combat, pour les diriger sur un autre point, des troupes sérieusement engagées. L'effet dissolvant du feu actuel rend cette opération très-dangereuse, sinon impraticable. Le chef de bataillon ne doit pas perdre de vue que cette action des compagnies de la réserve est souvent le seul moyen d'intervention efficace dont il puisse disposer.

L'initiative laissée aux chefs des différentes fractions se trouve ainsi pondérée et réglée; leur action s'exerce, autant que les circonstances le permettent, suivant les vues du chef de bataillon.

Densité de la ligne de feu au moment décisif. Front d'action du bataillon.

L'effectif de la ligne de combat, c'est-à-dire des trois premiers échelons, doit être suffisant pour permettre au moment décisif, déduction faite des pertes et cadres non compris, de placer un homme par mètre sur la ligne de feu. C'est, en effet, le maximum de densité généralement admis pour cette ligne. Des combattants plus rapprochés se gêneraient, ne produiraient pas plus d'effet utile et donneraient une prise trop considérable au feu de l'adversaire.

Or, la ligne de combat étant formée par deux compagnies accolées, si l'on part de l'effectif réglementaire de la compagnie, soit 250 hommes, on doit admettre que, quelque temps après le début des hostilités, il se trouvera diminué d'un cinquième, c'est-à-dire réduit à 200 hommes. La compagnie de 200 hommes sera donc le point de départ au moment de l'engagement ; si l'on en retranche 16 hommes pour les cadres, et 30 hommes (1/7 environ) pour les pertes, soit 46 hommes, il en résulte que chacune des compagnies formant la ligne de combat pourra mettre en ligne au moment décisif, lorsqu'elle aura appelé à elle tous les échelons en arrière, un minimum de 154 fusils.

Par suite de la densité maximum admise pour la ligne de feu, ces 154 fusils occuperont à cet instant un front de 154 mètres, soit, pour les deux compagnies accolées, 308 mètres. On peut donc conclure de ce raisonnement, ce qui est du reste confirmé par l'expérience des dernières campagnes, que le front d'action d'un bataillon ne peut guère dépasser 300 mètres. Cette limite, du reste, répond aux conditions de possibilité de commandement pour les chefs de compagnie en première ligne (soit 150 mètres pour chacun d'eux).

Le front ainsi déterminé devra être la base du calcul de tout déploiement et la mesure des efforts qui incombent à chaque unité. C'est d'après ces limites que tout capitaine, tout chef de bataillon devra régler le champ d'action de sa troupe.

Il était indispensable, du reste, d'adopter comme base un front minimum qui fût susceptible de prendre au besoin une plus grande extension, en raison des nécessités du combat et des formes du terrain. La formation se trouve ainsi posséder l'élasticité nécessaire pour parer à toutes les circonstances.

Disposition des divers échelons ; détermination de leurs distances entre eux, en supposant l'ennemi à une distance donnée.

Après avoir réglé le nombre des échelons, il faut étudier leur rôle, leurs relations, et déterminer d'une façon approximative les distances qui doivent les séparer les uns des autres pendant l'engagement.

D'après le n° 447 du règlement de 1869, « le bataillon, » aujourd'hui la réserve, doit être à l'abri du feu de la mousqueterie et même du feu de l'artillerie. Il semble donc utile de maintenir cette réserve, pendant la première période de l'engagement, à 2,000 mètres environ de l'artillerie ennemie (limite de l'emploi efficace des obus à balles).

A 1,000 mètres, le feu des tirailleurs fera subir à l'artillerie ennemie des pertes sensibles ; on peut donc admettre qu'à moins de circonstances exceptionnelles elle ne s'en rapprochera pas davantage. Cette considération conduit à placer la réserve du bataillon à 1,000 mètres environ de la chaîne, afin qu'elle se trouve à la distance de 2,000 mètres indiquée ci-dessus. Pour ne point augmenter les difficultés de direction en profondeur et ne pas compromettre l'appui moral que les échelons doivent se prêter les uns aux autres, il faut considérer cette distance comme un maximum absolu qu'on ne doit jamais dépasser et qui convient surtout au début de l'action.

La distance des renforts à la ligne des tirailleurs se déterminera d'après les prescriptions du n° 5, titre V (1), de l'ordonnance de 1869, et l'étendue des zones dangereuses (*Manuel du tir*, §§ 29 et 35).

Afin de fixer les idées, on peut supposer les tirailleurs du bataillon arrivés à 400 mètres de ceux de l'ennemi, dont le feu à cette distance, sans avoir toute sa puissance décisive, possède déjà une efficacité considérable.

En prenant le cas le plus défavorable, le terrain uni, on peut se rendre compte que les renforts, si on les place à 150 mètres des tirailleurs, seront en dehors de la zone dangereuse et même à l'abri d'une partie des ricochets. Cette distance, du reste, n'est point exagérée, car elle peut être franchie en moins d'une minute et demie par les renforts, lorsque ceux-ci devront se porter sur la chaîne ; d'un autre côté, si elle était dépassée, les tirailleurs seraient un peu en l'air et sans appui immédiat.

L'emplacement des soutiens se déterminera d'après les considérations suivantes :

Les soutiens destinés à relier les renforts et la réserve doivent être non-seulement hors de portée du feu dirigé contre les échelons qui les précè-

---

(1) Le soutien doit se tenir à bonne portée pour appuyer la ligne des tirailleurs, tout en profitant des accidents du terrain pour se masquer à la vue de l'ennemi et s'abriter de son feu.

dent, mais encore à l'abri des effets efficaces de celui qui leur serait spécialement destiné.

D'autre part, ils doivent se trouver à une distance de la ligne de feu telle qu'ils puissent arriver en temps opportun pour lui donner une impulsion énergique et enlever l'attaque.

Or, d'après les résultats de l'expérience, il semble que des troupes ne peuvent, à bonne distance et à découvert, exécuter et surtout supporter de pied ferme un feu rapide pendant plus de trois ou quatre minutes; après ce court délai, elles sont entraînées en avant ou forcées de battre en retraite.

Pour que l'arrivée des soutiens coïncide avec cette phase du combat, leur emplacement sera déterminé d'après la distance qu'ils peuvent parcourir en moins de quatre minutes à une allure rapide.

Ces conditions seront remplies, si on les place au début à égale distance des échelons extrêmes, c'est-à-dire à 500 mètres de la chaîne et de la réserve.

Toutes les distances qui viennent d'être indiquées n'ont rien d'absolu; non-seulement elles sont subordonnées au terrain, qui permet souvent de rapprocher les échelons, mais elles diminuent par la force même des choses quand le mouvement en avant se prononce; les premiers échelons éprouvent alors dans la marche des difficultés, des temps d'arrêt; souvent on sera obligé de ralentir le mouvement des soutiens et de la réserve pour ne point les exposer à entrer en ligne prématurément.

En terrain couvert ou coupé, les distances pourront être moindres dès le début; il sera facile de profiter des accidents et ondulations du

b.

sol pour mettre à l'abri les différents groupes ; mais, à moins de circonstances particulières, il ne semble pas que la profondeur du bataillon puisse être inférieure à 500 mètres. Si l'on dépassait cette limite, les divers échelons, impressionnés par le combat qui se livre très-près d'eux, seraient tentés d'y prendre part trop tôt ; ils ne pourraient plus fournir, pour user les forces de l'adversaire, cette succession d'efforts progressifs qui est un des caractères du combat en ordre dispersé ; combat qui passe habituellement par trois phases : *entamer*, *préparer* et *exécuter*.

L'augmentation considérable de la portée et de l'efficacité des armes modernes explique et justifie d'ailleurs les différences entre les distances adoptées et celles indiquées par le règlement de 1862 (n° 7 de l'Ecole des tirailleurs (1).

Détermination de la force des échelons.

Tirailleurs et renforts. Il y a évidemment avantage à n'employer au début qu'une partie des hommes nécessaires pour occuper définitivement ce front ; on ne peut, en effet, se rendre compte immédiatement des accidents et de la forme du terrain, reconnaître les points de la ligne ennemie sur lesquels on devra diriger ses efforts, ni ceux de sa propre ligne qu'on devra occuper de préférence.

On n'envoie donc d'abord sur la chaîne qu'une portion des hommes qui devront y être employés

---

(1) Les réserves doivent être placées derrière le centre de la ligne des tirailleurs, celles des compagnies à 150 pas, et la réserve principale à 400.

au dernier moment. Plus tard, lorsqu'on a reconnu les défauts d'une occupation première, on
y remédie avec une partie des fractions qu'on a
gardées sous la main.

D'autre part, comme cette première chaîne aura
déjà des feux à fournir et une certaine résistance
à vaincre, il ne faut pas qu'elle soit trop faible:
il paraît convenable d'y placer habituellement le
quart de l'effectif total de la ligne de combat, le
deuxième quart restant en renforts et la dernière
moitié en soutiens, comme il va être indiqué.

Soutiens. Les soutiens doivent avoir un effectif
qui leur permette non-seulement de suppléer à
l'insuffisance des renforts, mais de déterminer la
marche en avant de tout l'ensemble par leur entrée en action au moment décisif. On devra, en
principe, chercher à donner l'attaque uniquement
avec l'aide des soutiens. Ils seront soutenus, au
besoin, par la réserve, dont on ne devra engager
toutefois qu'une partie; car il est de règle, dans
toute action de guerre, de toujours garder disponible une fraction destinée à parer aux éventua-
lités, à une contre-attaque, par exemple.

Les commandants des compagnies qui fournissent la ligne de combat devront donc conserver
la plus grosse portion de leurs soutiens massée
dans la main de leurs chefs le plus longtemps
possible, de manière à ne pas forcer le chef de
bataillon à se dessaisir de sa dernière compagnie
de réserve, ce qui le laisserait désarmé et lui im-
poserait l'obligation de faire appel aux troupes de
seconde ligne. Toutes ces considérations conduisent à donner aux soutiens une force égale à celle
des tirailleurs et des renforts réunis. En admettant donc que chacune des deux compagnies qui

forment la ligne de combat déploie tout d'abord un quart de son effectif en tirailleurs et dispose un deuxième quart en renforts, son autre moitié restera en soutien.

Réserve. La réserve du bataillon se composera des compagnies qui ne seront pas employées dans les trois premiers échelons, par conséquent de la deuxième moitié du bataillon.

Fonctionnement, liaison et action réciproque des divers échelons dans le combat.

Offensive.

Préparation de l'attaque.

L'attaque doit toujours être précédée d'une préparation suffisante. L'artillerie commence cette préparation, qu'elle continue simultanément avec l'infanterie, jusqu'à ce que celle-ci passe à l'exécution.

On suppose que la position a déjà été reconnue et étudiée autant que possible ; que l'artillerie de l'adversaire occupe son emplacement de combat, protégée par des tirailleurs à 600 mètres en avant d'elle.

Le bataillon, sous la protection de l'artillerie, s'est approché de l'ennemi en se faisant éclairer ; même lorsque les pelotons de cavalerie sont chargés de ce soin, la ligne de combat est couverte par des éclaireurs qui lui appartiennent.

A la distance de 2,000 mètres, le bataillon, quoique déjà en ligne de colonnes de compagnie, est contraint par le feu de l'artillerie d'adopter la formation indiquée plus haut.

Le chef de bataillon envoie habituellement en avant deux compagnies destinées à former la ligne de combat.

Ces deux compagnies se dirigent sur l'objectif indiqué, se subdivisent à leur tour en trois échelons, tirailleurs, renforts et soutiens, qui se fractionnent de plus en plus à mesure qu'ils se rapprochent de l'ennemi ; les escouades de la chaîne restent groupées autant que possible et sont toujours précédées de leurs éclaireurs.

Les renforts prennent les formations les plus convenables pour se soustraire à l'action du feu et pour utiliser tous les couverts du terrain ; il est avantageux de les subdiviser, soit pour faciliter leur marche, soit pour les diriger en temps opportun sur les différents points de la chaîne.

On avance dans cet ordre, jusqu'au moment où le feu de l'infanterie devient dangereux, à 800 mètres des tirailleurs ennemis ; il est alors utile de déployer les groupes de la chaîne, et la marche continue dans cette formation. En ce moment on fait généralement commencer un feu lent, exécuté par les éclaireurs seulement. On parvient à 600 mètres environ, distance à laquelle on emploie avec avantage le feu en avançant sur tout le front. Les capitaines des compagnies qui forment la ligne de combat ont pu déjà se rendre suffisamment compte de la situation ; ils font alors renforcer la chaîne par des fractions constituées, tirées des renforts, qu'il n'épuisent qu'au fur et à mesure des besoins, en retardant le mélange des sous-unités aussi longtemps que possible.

Les soutiens ont suivi, en conformant leur

et c'est alors souvent au bataillon à subordonner ses mouvements aux leurs, à moins qu'il ne le juge inutile. » La Commission s'est placée au même point de vue ; elle reconnaît la nécessité d'éclairer un bataillon qui se porte en première ligne, et il est bien entendu que les quelques éclaireurs qui précèdent, non plus le bataillon, mais la ligne de combat, conforment leurs mouvements à la direction générale.

« Dans l'action, dit d'autre part le texte cité plus haut, les tirailleurs acquièrent une certaine indépendance, et c'est souvent au bataillon à subordonner ses mouvements aux leurs. » Cette importante remarque résume en quelque sorte tout le combat moderne, puisque c'est maintenant la ligne de tirailleurs qui est chargée du rôle principal. Mais le règlement ajoute, n° 450 : « Il est bien entendu qu'en tout cas les tirailleurs n'agissent que conformément aux intentions, aux ordres et à la volonté du chef de bataillon. » Il indique ainsi les limites de cette indépendance et atténue ce que ce mot en lui-même aurait de trop absolu, en laissant toujours la direction générale au chef de l'unité tactique.

Les capitaines des compagnies qui forment la ligne de combat ont reçu les instructions et les ordres du chef de bataillon et cherchent à les exécuter en usant de leur initiative et suivant les moyens dont ils disposent ; mais ils ont à lutter contre une volonté opposée, celle de l'adversaire ; souvent, par les péripéties du combat et par la force des circonstances, ils seront irrésistiblement entraînés soit à s'écarter de la direction primitive, soit à précipiter les phases de la lutte.

Alors le chef de bataillon, qui a réglé ses mouvements sur ceux des tirailleurs tant que la

couvrir d'une gerbe de balles la position occupée par l'adversaire, d'ébranler le moral de la
défense et de surexciter celui de l'attaque.

Après quelques instants de ce feu rapide, on
fait vivement porter en ligne ce qui reste des
soutiens d'abord, puis la compagnie de réserve
qui les a remplacés dans leur position primitive.

Ces troupes fraîches s'avancent en ordre serré,
se portent en entier sur le front d'attaque ou
cherchent avec une fraction à prolonger les ailes ;
elles donnent une impulsion énergique à la ligne de combat, l'entraînent et l'enlèvent par
l'exemple.

Pendant ce temps la dernière compagnie de
réserve a suivi le mouvement en avant des premiers échelons, toujours prête à les soutenir et
à les garantir contre toute surprise, à exécuter
un mouvement tournant ou à parer à une attaque
de flanc.

Comme eux, pendant la marche, elle cherche
à s'abriter ; moins exposée aux effets de la mousqueterie, elle peut se servir avec avantage de la
colonne de compagnie ; elle suit attentivement
les péripéties de la lutte, mais se tient à distance
et évite de s'engager dans le combat qui se livre
en avant. Le moment n'est point venu pour elle
d'y prendre part directement ; elle a toujours le
temps de se rapprocher pendant la préparation,
qui sera souvent assez longue, comme l'ont prouvé
les exemples de la dernière guerre.

La marche en avant des soutiens et de la réserve pendant cette première période de l'attaque est un des problèmes les plus difficiles à ré-
soudre. Si tous les couverts du terrain ne sont
pas utilisés, si l'on ne profite pas avec soin de

toutes les circonstances où l'attention de l'ennemi est concentrée sur les tirailleurs, pour dérober à sa vue et à ses coups la marche des fractions à rangs serrés, celles-ci éprouveront bientôt des pertes considérables, et elles seront entraînées, soit à se fractionner outre mesure, soit à se jeter prématurément sur la ligne de feu.

Exécution de l'attaque.

Au moment où ses troupes fraîches viennent, pendant le feu rapide, enlever les premières fractions engagées pour les porter sur la position ennemie, deux cas peuvent se présenter. Il peut arriver que l'ennemi abandonne la position, soit parce qu'il sent sa trop grande infériorité, soit parce qu'il a épuisé ses munitions, ou parce qu'une attaque a gagné ses flancs, soit enfin pour tout autre motif; alors la ligne de combat, suivie de la réserve, arrive d'un seul élan sur la position et s'y installe.

Mais un succès aussi prompt sera exceptionnel ; la distance à laquelle on se trouve de l'ennemi est encore trop considérable. Plus généralement il renforcera sa ligne de feu et tiendra bon.

L'assaillant aura bien gagné par son premier élan une certaine distance; mais il ne peut, sous un feu resté redoutable malgré les efforts de la préparation, espérer amener d'un seul bond, sans tirer, la ligne de combat et la portion de la réserve qui a appuyé son mouvement, sur la position attaquée. Il faut donc qu'il protége sa marche par son feu. Si le feu s'exécutait en marchant, les hommes n'épauleraient pas, ils tireraient en bombe, et presque tous leurs coups passeraient au-dessus de l'ennemi ; leur élan serait sinon arrêté, du moins considérablement ralenti.

Il n'a donc d'autre ressource que de reprendre la marche en échelons par bonds successifs, en utilisant les haltes pour exécuter des feux rapides de très-courte durée.

A ce moment on ne peut plus donner de règles, indiquer de procédés : une portion quelconque de la ligne, favorisée par la proximité d'un obstacle, s'y porte vivement et aide la marche des autres portions par un feu ajusté et nourri ; ce ne sont plus des unités qui agissent, ce sont des fractions non déterminées, dont le nombre et l'effectif ne peuvent être réglés que par les circonstances.

Cette marche par bonds successifs et par fractions aura pour effet d'amener toute la ligne de combat à 50 mètres environ de l'ennemi. A cette distance on peut habituellement regarder l'attaque comme réussie ; dans tous les cas, le moment est décisif, le combat corps à corps étant excessivement rare ; un dernier effort, et l'on est dans la position. La ligne entière se jette en avant avec la plus grande énergie, tambours battants et baïonnette basse.

C'est la ligne de combat, composée de la chaîne, des renforts et des soutiens, et renforcée d'une partie de la réserve, qui a exécuté l'attaque depuis le feu rapide jusqu'à l'assaut final.

Pendant ce temps le quatrième échelon (la dernière compagnie de réserve) s'est rapproché progressivement ; au moment décisif, il doit être sur les talons de la ligne de combat, de façon à l'appuyer vigoureusement, toujours compacte dans la main de son chef ; il pénètre dans la po-

sition presque en même temps que les autres
troupes et cherche à en assurer la possession,
qui est encore précaire ; car le défenseur, qui
jusque-là a évité d'exposer la totalité de ses
troupes au feu meurtrier de la préparation, profite du moment où l'efficacité de ce feu devient
presque nulle pour faire entrer en ligne ses
réserves. Tout favorise alors leur action ; l'artillerie ennemie, pour ne point atteindre ses
troupes, est obligée d'allonger son tir ; l'assaillant est en désordre, et un feu rapide suivi d'un
mouvement offensif peut le rejeter hors de la
position.

Le quatrième échelon, qui est resté compacte
et qui a conservé un certain effectif, est surtout
destiné à repousser les contre-attaques et à conserver les avantages acquis. Le premier soin du
chef de bataillon, une fois entré dans la position,
doit être de se prémunir contre un retour offensif.
La ligne de combat poursuit l'ennemi de ses feux
et cherche à gagner la lisière opposée sans la
dépasser, pendant que la réserve organise la position et s'y installe.

C'est sous la protection de cette réserve que,
dans chaque compagnie, les trois autres échelons,
peut-être mêlés et confondus, se reforment au
premier moment de répit. L'intervention de la
cavalerie serait alors très-efficace ; son action ou
même sa simple apparition pourrait contenir la
marche du retour offensif, ou tout au moins pro-
curer à l'assaillant le temps d'occuper solide-
ment la position et de reformer ses troupes en
désordre.

Si l'attaque échoue, le quatrième échelon recueille la ligne de combat et se déploie pour offrir à l'ennemi une première résistance ; il donne

ainsi aux combattants en retraite le temps de se rallier et de prendre une autre position.

Lorsque le chef de bataillon, soit pendant la première période de l'attaque, soit pendant l'assaut, est forcé d'engager sa dernière compagnie de réserve, il en informe immédiatement la deuxième ligne, qui détache la force nécessaire pour la remplacer.

S'il est peu vraisemblable que pendant la première période de l'action, avant le feu rapide, l'ennemi dessine des contre-attaques, le fait peut cependant se produire; dans ce cas, elles sont repoussées quelquefois par les soutiens, le plus souvent par la compagnie de réserve qui les suit. Par contre, cette partie de la réserve doit profiter de toutes les occasions favorables pour tourner l'ennemi ou agir sur ses flancs.

Défensive.

On a vu comment la formation proposée se prête à l'action offensive ; il faut examiner maintenant comment elle se comporte dans la défensive.

En principe, l'hypothèse d'une défense passive est repoussée absolument. La défense active, la seule que l'on suppose ici, ne doit chercher dans le choix du terrain et dans la situation d'attente qu'un surcroît de force, que le moyen d'attirer le combat sur une région qu'elle connaît, où elle a disposé ses troupes à l'avance afin de frapper l'ennemi plus sûrement et dans de meilleures conditions.

Dans la défensive, au moins pendant la première période de l'engagement, les marches et manœuvres sont presque nulles ; la direction s'exerce pour ainsi dire sur place, et il est plus facile d'assurer la cohésion et l'unité d'action que dans l'offensive. En outre, la défense peut dissimuler la meilleure partie de ses forces pour les faire entrer en ligne au moment opportun et à l'improviste.

Toutes ces considérations conduisent à diminuer d'une façon notable les distances entre les échelons, par suite la profondeur totale de la formation. Cette profondeur ne sera point diminuée pendant l'action, comme c'est le cas dans l'attaque ; elle devra donc être calculée de façon à satisfaire, dès le début, aux conditions de rapidité, de soudaineté indiquées plus haut.

La subdivision du bataillon, le fractionnement des échelons restent d'ailleurs les mêmes en principe.

Ligne de combat. Comme dans l'offensive, la ligne de combat se compose de trois échelons : la chaîne, les renforts et les soutiens ; cette disposition a pour but de ménager les efforts et de n'exposer au feu de l'attaque que le nombre d'hommes strictement nécessaire pour occuper l'ennemi pendant la période de préparation.

Il n'est pas indispensable d'occuper d'une façon uniforme tous les points d'une ligne de défense ; on pourra ainsi quelquefois prendre un front plus étendu que dans l'offensive, à condition toutefois que le terrain non occupé soit complétement battu par des feux croisés.

En admettant qu'on emploie, comme dans l'offensive, deux compagnies sur la ligne de combat, chacune d'elles mettra une section en tirailleurs et une en renfort ; mais il ne faut pas perdre de vue que les hommes postés peuvent, sans se nuire être plus rapprochés que pendant la marche; qu'on peut, dans la défense, employer les feux en étages, si le terrain ou les circonstances le permettent; enfin, qu'il faut assurer à la ligne de feu tout son effet utile, et que la proportion d'un fusil par mètre, fixée comme un maximum dans l'offensive, peut être considérée, dans la défensive, comme un minimum.

Renforts. Comme dans l'offensive, les renforts doivent être assez rapprochés pour doubler la ligne de feu rapidement et en temps utile, et être à couvert des feux dirigés contre la ligne de défense; mais il faut en outre leur chercher des abris convenables plus à proximité des tirailleurs.

Soutiens. L'emplacement des soutiens doit être tel qu'il leur permette d'agir au point favorable et en temps opportun. Pendant la première période de l'engagement, on les tient abrités à une distance des renforts à peu près égale à celle qui sépare ces derniers de la chaîne, par conséquent inférieure à la distance correspondante adoptée dans la formation d'attaque.

Lorsque les renforts se portent en ligne, les soutiens les remplacent dans leurs abris. Les uns et les autres choisissent, pour exécuter leurs mouvements, l'instant où le feu de l'assaillant est le moins intense et le moins dangereux.

Lorsque la ligne de feu ne peut contenir la marche de l'adversaire et que celui-ci va passer à l'acte décisif, les soutiens se portent en ligne, dirigent des feux de masse rapides et convergents sur les fractions les plus compactes de la ligne d'attaque, et communiquent ainsi à la défeuse une nouvelle énergie. C'est d'ailleurs un moment très-favorable pour donner au feu toute sa puissance. Comme il a été dit, le tir de mousqueterie de l'adversaire manque de justesse ; son artillerie, qui jusqu'alors a concouru efficacement à la préparation, allonge son tir pour ne pas atteindre ses troupes et fouiller le terrain en arrière du point d'attaque.

En ce moment le feu nourri de la défense, dirigé de front et autant que possible de flanc sur les masses assaillantes et aidé puissamment par le feu de l'artillerie, peut faire échouer l'attaque ; si l'on a alors une cavalerie suffisante sous la main, une charge résolue peut terminer le combat.

Afin que les soutiens puissent remplir avec avantage le rôle qui leur est assigné plus haut, il semble utile de leur donner une force égale à celle des deux premiers échelons réunis, par conséquent d'y employer la seconde moitié de chacune des compagnies.

Réserve. Si, malgré tous les efforts, l'ennemi exécute son attaque et se rapproche de la position, le chef de bataillon a recours à sa réserve. La défensive passive, avec toutes les ressources que lui fournit le terrain, ne suffit plus ; il faut passer à l'offensive. La réserve doit alors être assez rapprochée de la ligne de défense pour atteindre l'assaillant avant que celui-ci pénètre dans la position et s'y installe ; à cet effet, elle a pris successivement des positions abritées en s'avançant pendant le combat. Comme c'est surtout sur les flancs de l'attaque qu'elle doit agir, elle cherche sur les ailes de la ligne de défense un emplacement qui lui permette d'entrer en

action en temps opportun, sans s'exposer à des
pertes trop considérables.

Dans tous les cas, une fraction à rangs serrés
se tiendra en arrière, prête à soutenir la ligne de
combat ou à la recueillir en cas d'insuccès.

C'est l'entrée en ligne de la réserve qui marque
habituellement le moment où la défense passe du
rôle passif au rôle actif. L'à-propos et la bonne
direction de ses efforts, la surprise que ses feux
causent à l'ennemi, sont les principales garanties
du succès.

Contre-attaque. Si la défense ne réussit pas à
interdire à l'ennemi l'accès de la position, la portion de la réserve restée en arrière recueille les
premiers échelons, les rallie et cherche à les ramener au combat. En ce moment le feu de l'artillerie de l'attaque a cessé, les troupes assaillantes
sont désorganisées et essoufflées ; une contre-attaque exécutée énergiquement avec des troupes fraîches, même d'un faible effectif, a des chances de
succès. Le chef de bataillon doit toujours ménager
ses forces en vue de cette éventualité ; s'il est re-
jeté hors de la position, il tentera, avec l'aide de
la deuxième ligne, un vigoureux retour offensif
pour en chasser l'ennemi avant qu'il ait eu le
temps de s'y établir.

Quant aux contre-attaques à exécuter pendant
la période de préparation, elles sont subordonnées à des circonstances particulières, à la forme
du terrain et aux fautes que peut commettre l'adversaire. On ne laissera échapper aucune occasion favorable. Les fractions ainsi employées seront prises généralement aux compagnies de la
réserve ; leur action sera toujours secondée par un
redoublement du feu de la défense.

Ce qui précède suffit pour montrer comment la formation proposée se prête aux deux modes principaux de combat. La force des échelons, leurs distances, ne sont point fixées d'une façon invariable; la compagnie garde partout une activité, une action propre et une certaine indépendance. L'initiative des sous-unités, la direction constante exercée par le chef de bataillon, permettent de varier et de multiplier les combinaisons, tout en restant dans l'esprit de la formation : l'échelonnement, l'économie des forces, la succession des efforts.

Il faut maintenant rechercher si cette formation satisfait à toutes les conditions qu'on peut exiger d'une bonne formation de combat.

La formation proposée remplit-elle les conditions auxquelles doit satisfaire une bonne formation de combat?

Ces conditions sont les suivantes :

1° Être une, simple et facile à prendre, de manière à devenir promptement familière aux chefs et à la troupe;

2° Se plier facilement à toute espèce de terrain, et s'appliquer aux différents cas qui peuvent se présenter à la guerre;

3° Favoriser la mobilité de chaque subdivision et de l'ensemble, tout en permettant d'éviter les manœuvres dangereuses à exécuter sous le feu de l'ennemi;

4° Maintenir la cohésion et faciliter le commandement, tout en développant l'initiative individuelle et en donnant à chaque élément le moyen de fournir son maximum d'effet utile;

5° Permettre de faire produire au feu sa plus grande puissance, mais aussi de la faire varier selon les besoins du combat ;

6° Diminuer les pertes ;

7° Éviter autant que possible le mélange des unités, de façon à assurer constamment l'action des cadres ;

8° Offrir le moyen de soutenir le moral du soldat jusqu'au moment décisif, par l'entrée successive en ligne de renforts judicieusement ménagés.

1° Etre une, simple et facile à prendre, de manière à devenir promptement familière aux chefs et à la troupe.

La formation proposée est la même pour tous les cas, dans ses dispositions fondamentales et essentielles; elles se retrouveront d'ailleurs dans le service de sûreté, soit en marche, soit en station, et dans toutes les circonstances où la troupe sera en contact avec l'ennemi. Il en résultera une grande facilité dans la méthode d'instruction, qui doit tendre à donner au chef et au soldat une telle habitude de leur rôle dans le combat, que dans les circonstances les plus critiques ils sachent ce qu'ils doivent faire et le fassent instantanément.

La formation sera une, précisément parce qu'elle repose sur les principes généraux du combat : l'action presque exclusive du feu ; l'échelonnement des forces dans le sens de la profondeur, et la succession des efforts.

Elle est en même temps simple et facile. En effet, dès que le bataillon arrive sous le feu ennemi, quel que soit son effectif, quel que soit l'ordre dans lequel il se présente, cette formation se prend instantanément, sans mouvements préparatoires, au moyen d'une marche en avant des divers échelons, sur un simple avertissement, même sur un signe.

Dans ces conditions, il y a lieu de penser qu'elle deviendra promptement familière à la troupe et à ses chefs.

2° Se plier facilement à toute espèce de terrain, et s'appliquer aux différents cas qui peuvent se présenter à la guerre.

On a déterminé la formation sans tenir compte de telle ou telle configuration du sol; aussi s'applique-t-elle à tous les terrains et même à toutes les hypothèses de combat moyennant quelques modifications dans la force, la distance et l'emploi des différents échelons.

Sur un terrain accidenté, les distances seront réduites avec avantage : en effet, l'existence d'abris plus ou moins nombreux permettra de soustraire la troupe à l'action du feu ennemi autrement que par l'éloignement, et la profondeur moindre donnera à la direction le moyen de s'exercer toujours avec autant de facilité. De plus, des appuis naturels pourront alors augmenter la force de cette formation; enfin, en raison de son fractionnement, elle utilisera toutes les formes du terrain pour dérober le plus longtemps possible ses dispositions à la vue de l'ennemi. C'est là un des principaux avantages de l'ordre dispersé.

Quels que soient l'effectif, la répartition et les relations des échelons entre eux, la disposition en profondeur permettra au chef de n'employer toujours que les forces nécessaires, et de garder dans la main les réserves dont il aura besoin pour parer aux circonstances imprévues.

Cette formation s'appliquera également aux divers cas qui peuvent se présenter à la guerre, au combat offensif aussi bien qu'au combat défensif, au combat d'un bataillon isolé comme à celui d'un bataillon engagé dans une action générale, quelle que soit d'ailleurs l'extension du front à occuper. Si la troupe est isolée, la question des réserves deviendra capitale pour le chef; la disposition proposée permettra de répartir les forces entre les divers échelons, de manière à garder sous la main une fraction de troupe plus considérable, et d'en détacher au besoin une partie dans une direction quelconque pour en faire usage au moment favorable.

L'ordre proposé peut donc être considéré comme répondant à toutes les circonstances du terrain et du combat, moyennant quelques modifications de détail.

3° Favoriser la mobilité de chaque subdivision et de l'ensemble, tout en permettant d'éviter les manœuvres dangereuses à exécuter sous le feu de l'ennemi.

Avec la formation proposée, la mobilité résultera de ce que chaque fraction, conservant sa liberté de mouvement propre, n'aura qu'à régler son action sur celle des autres.

Les subdivisions, les hommes isolés eux-mêmes ayant plus d'espace pour se mouvoir, pourront agir facilement et avec plus de rapidité. Cette condition est essentielle à remplir dans le combat moderne, où il faut surtout, soit dans l'atta-

que, soit dans la défense, pouvoir amener sur un
point et à un moment donnés, sans pertes trop
considérables et sans retard, les forces jugées
nécessaires pour frapper un coup décisif.

En même temps, la disposition en profondeur
comportant une simple marche en avant des divers échelons, chaque fraction ne sera plus forcée,
sous le feu de l'adversaire, de marcher par le
flanc, ni d'ouvrir ou resserrer les intervalles autrement que par une marche oblique; enfin le
chef de bataillon n'aura plus à commander des
manœuvres d'ensemble qui pourraient exposer à
des pertes inutiles des troupes massées en ordre
compacte.

Sous ce rapport la formation proposée paraît
donc se présenter dans des conditions favorables.

*4° Maintenir la cohésion et faciliter le commande-
ment, tout en développant l'initiative individuelle
et en donnant à chaque élément le moyen de
fournir son maximum d'effet utile.*

Le chef de bataillon fixe le but de l'opération,
l'indique aux subdivisions qui doivent y prendre
part, leur donne les ordres nécessaires pour l'exécuter; alors chacune d'elles, ses fractions, et même
l'homme isolé de la chaîne, prennent, d'après le
rôle qui leur est assigné, les dispositions les plus
convenables pour produire leur maximum d'effet
utile. Ce résultat est ainsi obtenu sans compromettre l'autorité ni l'influence du chef, en laissant à chacun, dans une certaine mesure, l'initiative qui lui permet d'utiliser toutes ses forces et
toutes les circonstances. Quant à la facilité de
commandement, elle se trouve assurée par ce fait,

que si d'une part les chefs des unités de combat
peuvent les conduire au moyen d'ordres directs
et à la voix, d'autre part le chef de l'unité tactique peut toujours exercer la direction d'ensemble
et même, au moment décisif, intervenir par l'emploi judicieux des fractions restées dans sa main,
rétablir à l'occasion l'unité d'action, et ramener
vers le but indiqué les efforts divergents qui pourraient se produire.

La formation proposée offre donc toutes les garanties d'ensemble et de cohésion que l'on peut
désirer avec le nouveau mode d'action.

5° *Permettre de faire produire au feu sa plus
grande puissance, mais aussi de la faire varier
selon les besoins du combat.*

L'espace d'un mètre, occupé par chaque homme,
lui permet d'utiliser tous les accidents du terrain
et de faire feu dans tous les cas sans être gêné,
avec calme et précision, par conséquent de tirer
le meilleur parti de son arme.

La succession des feux, telle qu'elle a été indiquée, donne la faculté de leur faire suivre, d'après
les circonstances et les besoins, une progression
croissante, depuis celui des premiers tirailleurs
jusqu'au feu maximum fourni par l'adjonction des
soutiens et d'une portion de la réserve.

De plus, les conditions dans lesquelles se trouvent les éléments de la ligne de combat leur assurent la possibilité de tirer dans toutes les direc-
tions, et par suite de faire converger leurs feux
sur un point indiqué.

Enfin, dans l'attaque et surtout dans la défense,
s'il est nécessaire d'augmenter la puissance du

feu, on pourra réunir les hommes en ordre serré, afin d'arriver au maximum d'effet.

La puissance du feu et la possibilité de la faire varier selon les besoins du combat semblent donc garanties par la formation proposée.

6° *Diminuer les pertes.*

Le fractionnement, caractère principal du combat en ordre dispersé, permet d'abriter les hommes et de les soustraire en grande partie au feu de l'adversaire.

Les échelons les plus rapprochés de la chaîne des tirailleurs se subdivisent plus ou moins dans le sens de la largeur; ils sont protégés par cet espacement latéral en même temps que par les abris qu'ils peuvent mettre à profit.

Quant à ceux qui, plus en arrière, restent en ordre compacte dans la main de leurs chefs jusqu'au moment où il est nécessaire de les employer, ils sont protégés contre le feu ennemi par leur éloignement même et par le relief du sol.

Sous ce rapport, la formation proposée paraît donc encore satisfaire aux conditions exigées.

7° *Éviter autant que possible le mélange des unités, de façon à assurer constamment l'action des cadres.*

La précaution prise de placer les soutiens sous les ordres directs d'un officier autre que celui qui commande les tirailleurs et les renforts, retarde autant que possible le doublement, et par suite le mélange des diverses subdivisions. Ce mélange ne se produira même généralement que parmi les

fractions de la même compagnie. La disposition
en compagnies accolées permet en effet à chaque
unité de renforcer sa ligne de feu avec ses propres
forces, et donne aux chefs naturels des différentes
fractions le moyen d'exercer leur action
d'une façon constante jusqu'à la dernière phase
du combat, sur les troupes qu'ils sont habitués à
commander.

8° *Offrir le moyen de soutenir le moral du soldat
jusqu'au moment décisif, par l'entrée successive
en ligne de renforts judicieusement ménagés.*

Avec le mode d'action en ordre dispersé, il est
de la plus haute importance que le moral de la
troupe soit constamment maintenu à un degré
suffisant. En présence de l'effet meurtrier des
armes nouvelles, tout le monde s'accorde à reconnaître
qu'une succession d'efforts judicieusement
ménagés est le plus sûr moyen d'arriver à
ce résultat.

L'échelonnement admis dans la formation proposée
et le jeu indiqué pour les divers échelons
semblent satisfaire aussi bien que possible à cette
exigence. Les tirailleurs, assez espacés pour ne
pas donner trop de prise aux projectiles ennemis,
entament le combat. Leur moral vient-il à faiblir
par suite des pertes éprouvées, de l'effet de l'artillerie
et de l'approche du moment décisif, leur
énergie est ranimée par l'entrée en ligne des renforts
d'abord, puis d'une partie des soutiens. Le
même effet se produit ensuite avec le reste des
soutiens, avec la première portion de la réserve,
qui, à leur tour, viennent au moment voulu apporter
leur part toute fraîche d'élan et de feu.
Enfin, lorsqu'au moment décisif, les troupes se

jettent dans la position ennemie, elles ont encore
en arrière d'elles un dernier échelon, la deuxième
portion de la réserve, à son défaut une fraction
de la deuxième ligne. Les soldats ont ainsi la cer-
titude qu'ils ne sont pas abandonnés, qu'une
troupe prête à parer aux entreprises de l'ennemi
les protége contre les attaques de flanc.

On parviendra ainsi, par cette succession d'efforts incessamment renouvelés, à maintenir, aussi
bien dans l'offensive que dans la défensive, le
moral du combattant à un niveau suffisant pour
que le combat puisse être mené à bonne fin.

Moyens de remédier aux inconvénients que peut présenter la formation proposée.

—

Cet examen permet de constater que la formation proposée pour le bataillon en première ligne
remplit le mieux possible les conditions que l'on
doit exiger aujourd'hui de toute formation de
combat; mais à côté de tous ses avantages, on
peut craindre qu'elle ne sauvegarde pas suffisamment cette cohésion que le tact des coudes et la
réunion constante de toutes les sous-unités dans
la main du chef assuraient à l'ordre serré. Ces
moyens autrefois puissants feront défaut dans le
combat moderne; il sera urgent d'y suppléer par
une méthode d'instruction rationnelle propre à
donner au soldat une telle habitude de se rallier
autour de ses chefs, qu'il arrive à le faire instinc-
tivement dans toutes les circonstances et même
malgré la surexcitation du combat. C'est le moyen
le plus efficace de maintenir la cohésion et de
parer à un des plus grands inconvénients de l'ordre dispersé.

Ce résultat sera encore plus sûrement obtenu si l'on s'astreint en principe à laisser chaque unité sous le commandement de son chef direct et à ne faire, autant que possible, entrer en action les soutiens et la réserve que groupés ou au besoin par fractions compactes, bien dans la main de leurs commandants.

Le mot de cohésion, qui autrefois exprimait une sorte de rigidité un peu mécanique, prend du reste une autre signification et pourrait se définir plutôt dans la nouvelle tactique, la faculté de faire concourir les efforts de tous les éléments individuels au même but, chaque unité ne conservant que l'initiative nécessaire pour y coopérer.

Il est à craindre encore que les chefs des fractions en arrière, mus par un sentiment naturel qui les pousse à se jeter en avant, n'entraînent les forces sous leurs ordres. Les soutiens et la réserve venant se fondre sur la ligne de feu avant le moment voulu, on ne pourrait les garder intacts. Aussi pour les premiers, outre qu'ils sont commandés par un officier autre que le chef des tirailleurs, est-il recommandé de les faire entrer en ligne seulement par fractions constituées et au fur et à mesure des besoins; jusque-là ils doivent être tenus groupés à distance et à l'abri. Quant aux compagnies de réserve, commandées par des officiers indépendants de ceux qui combattent en première ligne, elles seront facilement maintenues jusqu'à ce qu'elles reçoivent l'ordre de se porter en avant.

De plus, comme il a été déjà remarqué, le chef de bataillon, par l'emploi judicieux de ses compagnies de réserve, peut toujours exercer une influence utile sur la marche du combat, et le porter sur les points où il le croit nécessaire ; la direction est donc constamment assurée dans sa main.

Ces moyens semblent suffisants pour parer aux inconvénients qu'à première vue on pourrait être tenté de reprocher au mode d'action en ordre dispersé.

TROISIEME PARTIE.

Déduire des principes fondamentaux de la tactique nouvelle les bases sur lesquelles doit reposer la méthode d'instruction.

De l'examen des caractères généraux du combat la Commission a déduit les principes fondamentaux qui s'imposent aujourd'hui à la tactique de l'infanterie ; puis elle en a fait l'application à une nouvelle formation de combat pour le bataillon en première ligne ; enfin la discussion a fait voir que cette formation remplissait toutes les conditions exigibles d'une bonne formation de combat.

Il reste à déterminer les bases de la méthode d'instruction qui doit amener les soldats et leurs chefs à posséder les qualités nécessaires pour se servir avec fruit de cette formation, en mettant en pratique, dès le temps de paix, les principes généraux de la tactique moderne.

Cette détermination, objet de la troisième partie et des conclusions du rapport, sera facilement obtenue, si, après avoir résumé les principes généraux de la tactique moderne, on en déduit d'abord les conditions que doit remplir la méthode d'instruction, puis s'il ressort d'un examen approfondi de ces conditions que la méthode adoptée y satisfait pleinement.

Résumé des principes fondamentaux de l'ordre dispersé.

1° Prépondérance du feu comme mode d'action ;

2° Impossibilité de faire mouvoir en ordre serré, sous le feu ennemi, des portions de troupes d'un certain effectif ; par suite, obligation de se fractionner et de mettre à profit le terrain, pour éviter les pertes ;

3° Nécessité de l'ordre dispersé en première ligne ; cet ordre comportant des tirailleurs d'abord, puis des échelons plus ou moins denses et plus ou moins espacés ;

4° Translation du combat sur la chaîne des tirailleurs, progressivement renforcée par les échelons qui se trouvent en arrière ;

5° Nécessité d'entretenir le combat et de le mener à bonne fin par des efforts successifs de plus en plus énergiques, jusqu'au moment de l'action finale ;

6° Et, comme conséquence de tout ce qui précède, initiative indispensable à chacune des fractions, suivant son importance ; limites tracées à cette initiative pour assurer le maintien de la discipline et de la cohésion.

Conditions que doit remplir par suite la méthode d'instruction.

Elle doit :

1° Assurer la cohésion de façon à pouvoir faire converger utilement et en temps opportun les efforts de tous vers un but commun ;

2° Développer, tout en la réglant, l'initiative individuelle, de telle sorte que chaque fraction, jusqu'à la plus petite, puisse produire son maximum d'effet utile au moment voulu ;

3° Être appropriée aux hommes qui doivent la suivre, développer et mettre à profit leurs aptitudes physiques et morales de la manière la plus rapide et la plus complète ;

4° Mettre la troupe à même de tirer de ses formations et de son feu tout le parti possible, et habituer les chefs et les soldats à se servir habilement du terrain.

Examen détaillé de ces conditions.

1° et 2°. Si maintenant on veut examiner plus à fond chacune de ces conditions, on trouvera tout d'abord qu'il est difficile de séparer la première de la seconde, en raison de leur corrélation intime dans le nouveau mode d'action.

Dans le combat en ordre dispersé, tel qu'il s'impose aujourd'hui, la première et la plus importante des obligations de chaque individualité (1) est l'*action commune* ; chacune doit avant tout rester constamment subordonnée à la direction que le chef imprime à tous les efforts vers un but commun.

L'*action individuelle* vient ensuite.

La première est prépondérante, elle centralise les forces ; la deuxième les augmente, mais elle les disperse.

----

(1) L'individualité désignant non-seulement l'homme isolé, mais toute fraction de combattants, quelle que soit sa force.

Il est difficile, du reste, à cause de l'antagonisme des principes sur lesquels ils reposent, d'obtenir à la fois, à un degré suffisant, les deux éléments essentiels qui préparent et assurent ce double mode d'action :

La subordination qui garantit l'action commune et par suite la cohésion ;

L'initiative sans laquelle l'action individuelle n'existe pas.

Ou le premier absorbe le second, ou le second s'affranchit du premier.

Dans le premier cas, chacun a les bras liés et attend des ordres pour agir ; c'est l'inertie, souvent cause de l'insuccès.

Dans le deuxième cas, la direction générale se perd, la troupe sort de la main de son chef ; c'est le désordre, qui peut amener la défaite.

Le raisonnement seul est insuffisant pour parer à ce double inconvénient.

Deux moyens permettront surtout de maintenir ces principes dans des limites convenables, de les pondérer l'un par l'autre : une forte discipline et l'habitude d'une judicieuse application. Ils sont toujours puissants sur les masses et même sur chaque individualité ; leur influence sera d'autant plus utile, que la surexcitation, si ce n'est l'émotion du combat, sera plus grande.

C'est ici qu'apparaît l'utilité, la nécessité d'une méthode d'enseignement qui détermine bien la part de la subordination et celle de l'initiative dans leur action simultanée, et qui ne laisse aucun doute dans les esprits sur les moyens à employer pour les fixer dans la pratique.

Cette délimitation exacte est en effet la règle générale qui devra servir de guide à tous les degrés de la hiérarchie militaire, en traçant à chacun son rôle et ses attributions. Elle constitue aussi le principe fondamental de la méthode d'enseignement, celui qui doit être la base de tous ses développements. Ce principe, constamment reproduit, s'imposera avec moins de difficultés aux natures inertes ou ardentes ; son application deviendra naturellement plus facile, par suite plus rigoureuse.

La première condition à remplir par la méthode d'enseignement est donc de sauvegarder l'idée indispensable et fondamentale de la cohésion, et de développer dans de sages limites l'initiative individuelle, en tenant compte d'ailleurs du caractère national. C'est ainsi qu'on évitera tout désordre et que la troupe restera constamment dans la main de son chef, tout en usant de l'intelligente liberté d'action que comporte pour chacun le combat moderne ; c'est ainsi que la direction générale continuera à s'exercer sur l'ensemble d'une manière avantageuse pour le succès ; c'est ainsi enfin que tous, officiers et soldats, acquerront, dès le temps de paix, le degré d'instruction et de confiance en eux-mêmes qui leur est nécessaire pour bien faire leur devoir à la guerre.

3° Les dispositions de la loi sur le recrutement et les ressources budgétaires ne permettent pas de faire passer à tous les jeunes soldats le même temps sous les drapeaux ; il faut donc que la méthode d'enseignement satisfasse à la double condition de convenir aux hommes des deux portions du contingent, et de donner une instruction complète à ceux de la première, suffisante à ceux de la deuxième qui peuvent n'avoir que six mois à y consacrer.

Une progression judicieusement réglée et une répartition intelligente du travail devront donner

le moyen de pousser activement cette instruction,
de sorte que, sans trop de difficultés, les hommes,
même ceux qui font un temps de service très-court,
puissent être amenés au degré de savoir nécessaire avant d'être renvoyés dans leurs foyers.

On se facilitera considérablement cette tâche :

Si l'on sait développer sans relâche et mettre à
profit les aptitudes physiques et morales des jeunes
soldats, en s'adressant à leur intelligence et à
leurs bons sentiments en même temps qu'on
façonne et fortifie leurs corps ;

Si l'on consacre exclusivement tout le temps
disponible, tous ses soins, tous ses efforts aux
exercices qui, en éveillant leurs facultés intellec-
tuelles, peuvent augmenter leur adresse et leurs
forces corporelles et leur donner plus de confiance
en eux-mêmes ;

Si l'on rend l'instruction intéressante en faisant
varier à propos l'objet des exercices et en évitant
de revenir trop souvent sur ce qui a déjà été appris ;

Si l'on s'applique surtout à exercer le soldat
dans des conditions se rapprochant autant que
possible de celles qui se présentent à la guerre ;

Si on le relève à ses propres yeux, en lui faisant
comprendre qu'il est un être intelligent, devant à
l'occasion faire preuve d'initiative ; enfin si l'on
inculque à chacun, par une éducation morale et
physique habilement dirigée, le sentiment du devoir et l'habitude constante de la soumission.

Des exercices de combat et des manœuvres de
guerre, quand elles seront possibles, serviront de
couronnement à l'œuvre commencée sur la place
d'exercices et continuée en terrain varié pendant
la période d'instruction proprement dite.

Une instruction ainsi prévoyante mettra promp-

tement les hommes à même de s'habituer, sans
trop de peine, aux fatigues du métier en même
temps qu'elle leur donnera la force morale nécessaire pour supporter les vicissitudes de la guerre ;
ils apprendront, dès le temps de paix, ce qu'ils
auraient à faire en réalité en présence de l'ennemi,
et le feront plus tard naturellement, sans étonne-
ment ni hésitation.

4° L'instruction ne saurait méconnaître l'importance prépondante acquise par le feu. Tout
d'abord il est donc essentiel de rappeler que les
formations doivent permettre de lui donner toute
sa puissance et toute son efficacité.

Lorsque cette condition fondamentale est remplie, la méthode d'instruction cherche à obtenir
le maximum d'effet utile par une série d'efforts
qu'on doit, à l'aide d'une combinaison étroite,
faire marcher toujours parallèlement, et qui doivent développer en même temps l'adresse du tireur
et la discipline du feu.

Un instrument plus perfectionné réclame un
ouvrier plus habile : cette vérité pratique ressort
déjà des modifications subies par nos anciens
règlements. Tout ce qu'on a fait jusqu'ici pour
développer l'instruction du tir doit donc être
maintenu et complété par le perfectionnement de
détail que peut suggérer l'expérience de tous les
jours. Mais il faut, dès l'instruction individuelle
de l'homme, ajouter des prescriptions formelles
sur l'efficacité du tir à courte distance ; il faut
faire comprendre à l'infanterie tous les dangers
d'une tiraillerie à grande portée, qui ralentit le
mouvement offensif, épuise les munitions, ne
décide rien et compromet trop souvent le succès
final.

Quand le soldat connaît bien la valeur de son

arme, il comprend mieux ce principe, plus important que jamais, qu'une bonne infanterie est toujours avare de son feu. Mais d'autre part il faut lui expliquer qu'on lui demande, dans le feu rapide à bonne portée, non plus un tir de précision, mais des feux de masses nourris et rasants.

Ces notions précieuses et indispensables doivent être inculquées à l'homme dès les premiers jours ; elles faciliteront beaucoup le maintien de la discipline du feu, qui doit être la constante préoccupation de tous les cadres.

Par des exercices d'application fréquents et variés, on enseignera aux hommes à utiliser toutes les formes du terrain pour se dérober à la vue et au feu de l'ennemi, mais on leur fera comprendre que le terrain n'est qu'une aide, et qu'il importe avant tout d'assurer l'efficacité de son tir. Les chefs de tous grades n'oublieront pas de leur côté qu'ils doivent diriger le feu, le régler, le contenir jusqu'au moment où ils devront dans le feu rapide lui donner son maximum d'intensité. Bref, ils ne perdront pas de vue que l'initiative laissée à l'homme pourrait compromettre l'action de l'infanterie, si une forte éducation militaire ne venait d'avance suppléer à cette cohésion obtenue dans les anciennes formations à l'aide de moyens purement mécaniques.

Comment la méthode d'instruction satisfera aux conditions qui viennent d'être énoncées.

1° et 2°. En vue du maintien de la cohésion, la méthode exigera, dans l'instruction première d'abord, puis dans les formations et mouvements à rangs serrés, une régularité et une précision d'autant plus grandes que cette instruction et ces

formations ont surtout pour objet d'habituer
l'homme à une stricte discipline, à une attention
constante et soutenue. En effet, le moyen d'assurer
pour toujours la direction des chefs, c'est de
mettre, dès le principe, le soldat dans la main de
son caporal, de son sous-officier, de ses officiers,
de telle sorte qu'il y rentre plus tard au premier
signal, au premier geste, quand les circonstances
l'en auront fait sortir momentanément.

D'autre part, pour donner aux hommes l'idée
de l'initiative, dès qu'ils seront un peu dégrossis,
on fera alterner les exercices en ordre dispersé
sur le terrain varié avec ceux en ordre serré sur
la place d'exercices ; on leur apprendra à connaître le terrain et à s'en servir avec fruit ; à juger de la situation, des intentions et des mouvements de l'adversaire, en plaçant en face d'eux,
toutes les fois que ce sera possible, des hommes
ou des groupes qui représenteront l'ennemi ; à
apprécier les distances qui les en séparent, et à
diriger convenablement leur feu, d'après les positions diverses successivement occupées par
l'ennemi marqué, tout en s'exposant le moins
possible à sa vue ou à ses projectiles. On fera
même changer de temps en temps la position réciproque des deux partis, pour que tous puissent
voir bien nettement les avantages et les inconvénients de chacun des emplacements oc-
cupés, et comprendre en quoi leur conduite a
pu être défectueuse dans la première hypothèse
adoptée.

En outre, pour bien habituer le jeune soldat à
se replacer promptement dans l'ordre primitif,
on fera suivre généralement les exercices en ordre dispersé de quelques mouvements en ordre
serré, destinés à rétablir la cohésion, si elle a pu

être un moment ébranlée. On lui apprendra ainsi que la véritable instruction de guerre est celle qui se donne en terrains variés, mais qu'il n'en est pas pour cela plus libre ensuite de ses actes et de ses mouvements, et qu'il doit être, à chaque instant de sa vie militaire, prêt à se rallier à son chef.

Cette alternative d'exercice facilitera pour plus tard le passage de l'ordre serré à l'ordre dispersé, et réciproquement.

Une autre tâche de la méthode d'enseignement sera, comme il a été dit plus haut, de bien indiquer à chacun dans quelles limites doit s'exercer son action, en déterminant sa part d'initiative et sa part de subordination.

Il est évident que si le règlement fixe bien ces limites pour l'instruction en temps de paix, il ne peut, d'autre part, indiquer des règles à ce sujet pour tous les cas qui se présenteront à la guerre; mais il peut au moins donner des indications générales s'appliquant, dans les circonstances ordinaires, aux différents grades et aux diverses fractions, quel que soit leur effectif.

A ce point de vue, trois choses sont tout d'abord à considérer : 1° les causes qui déterminent la conduite à tenir; 2° les moyens d'action qu'on a entre les mains; 3° les limites du théâtre sur lequel doit s'exercer cette action.

Mais l'examen détaillé des considérations qui se rapportent à ces trois ordres d'idées entraînerait trop loin. Puisque la formation proposée a été établie et discutée en vue du bataillon combattant en première ligne, il suffira d'indiquer en quelques mots la part d'initiative du chef de cette unité tactique, et, par contre, les bornes tracées à son champ d'action. Le même raisonnement con-

duirait à régler le rôle de la compagnie, celui des
subdivisions plus faibles, et jusqu'à celui du tirailleur isolé.

Le chef de bataillon a évidemment tout d'abord
à tenir compte des ordres donnés et du but indiqué ; il portera donc spécialement son attention sur le bataillon ennemi qu'il a en face de
lui ; mais comme il doit en même temps ne jamais perdre de vue ses relations avec ses voisins
de droite et de gauche, il jettera de temps en
temps un coup d'œil sur les bataillons qui l'en-
cadrent dans la ligne, et accessoirement sur chacun des bataillons ennemis placés en face d'eux.
Si l'on ajoute qu'il doit tenir compte de l'artillerie et de la cavalerie amies ou adverses, des troupes qui sont en deuxième ligne derrière lui, et de
celles qu'il peut apercevoir derrière l'ennemi,
puis aussi des formes du terrain, on aura indiqué
aussi nettement que possible les causes qui doivent régler la conduite du chef de bataillon en
première ligne.

Quant aux moyens d'action, il les trouvera
naturellement dans la troupe qu'il a sous ses ordres, troupe que le règlement lui permet de ma-
nier, de faire mouvoir, d'utiliser enfin suivant les
besoins du combat.

Enfin les limites de la zone dans laquelle doit
s'exercer son action ressortent de l'énumération
des causes déterminantes de sa conduite : le terrain occupé par son bataillon en largeur et en
profondeur, celui qui se présente en avant de lui
jusqu'à l'ennemi, puis l'espace qui s'étend à
droite et à gauche jusqu'à ses voisins, et même
obliquement jusqu'aux bataillons qui leur sont
directement opposés, tel est évidemment le
champ dans lequel il doit agir et combattre.

d.

Si les chefs en première ligne, à tous les degrés de la hiérarchie, se maintiennent dans les limites ainsi tracées, la cohésion sera assurée sur tout le front, en même temps que la part d'initiative de chacun sera sauvegardée.

3° Quant à la troisième condition, celle de rendre l'instruction complète aussi rapidement que possible pour les différentes portions du contingent, la méthode d'enseignement y satisfera, si l'on tient compte des observations suivantes :

Ne distraire aucun des moments qui suffisent à peine à une préparation convenable, pour les employer à des objets étrangers à l'instruction ;

Faire pratiquer, dès les premiers jours, d'une manière effective, les exercices d'assouplissement, qui augmenteront l'adresse et les forces corporelles du soldat ;

Supprimer les mouvements inutiles ou faisant double emploi, pour s'attacher de préférence aux formations et aux exercices qui doivent réellement préparer la troupe à la guerre,

Faire instruire et commander, autant que les effectifs le permettent, chaque fraction par son chef ; les hommes s'habitueront ainsi à connaître, à observer et à suivre partout celui qui les commande, et, de cette façon, l'action des cadres sera assurée dès l'instruction, ce qui ne contribuera pas peu à retarder ensuite et peut-être à éviter le mélange des unités ;

Ne demander que ce qu'il est nécessaire d'obtenir, mais l'exiger d'une manière absolue ;

Ne pas sacrifier le silence, la rapidité et l'usage le plus avantageux de l'arme et du terrain, à une stricte régularité que les anciens procédés eux-mêmes seraient désormais impuissants à maintenir sous le feu de l'ennemi ;

Rassembler dans chaque école les prescriptions qui s'y rattachent, de manière à débarrasser de tous les détails les écoles supérieures ;

Adopter des commandements simples, courts, facilement intelligibles, et identiques autant que possible dans toutes les écoles ;

Dès que la troupe sort de la place d'exercices, profiter de toutes les circonstances favorables pour l'habituer à se conduire comme si elle était dans le voisinage ou en présence de l'ennemi, c'est-à-dire introduire dans l'instruction la tactique appliquée.

Terminer tous les ans la série des exercices par des manœuvres de guerre qui soient pour la troupe et pour ses chefs le complément de l'instruction reçue pendant l'année ;

Enfin établir une progression méthodique et judicieuse de l'instruction, de manière à faciliter la tâche des officiers et des soldats.

4° Il a été posé en principe qu'une bonne formation doit favoriser l'exécution la plus complète et la plus efficace du tir de la mousqueterie sous toutes ses formes ; il importe donc de constater que la formation proposée remplit complétement ces conditions : le tirailleur a sur la ligne de feu toutes les facilités désirables pour exécuter des tirs ajustés et sur appui ; abrité ou couché sur le sol, il trouve dans les couverts du terrain une sécurité relative qui augmente sa confiance et par suite la sûreté de son feu ; les troupes peuvent dissimuler à l'ennemi le plus longtemps possible leurs forces et leurs dispositions ; enfin les fractions à rangs serrés, lorsqu'elles doivent tirer, ont plus de liberté de la

faire promptement et commodément, grâce à l'intervalle entre les files, que la Commission pro-
pose, autant en vue de la bonne exécution des
feux que de la facilité de la marche.

De même que la formation, la méthode d'enseignement satisfera à la condition relative au
bon emploi des feux et du terrain. Dès les premiers jours l'homme sera initié à la connais-
sance technique de l'arme et au jeu de son mécanisme. Ces notions élémentaires seront suivies
bientôt des exercices préparatoires, dont l'utilité
est très-grande, et que les capitaines feront reprendre chaque année par toute la compagnie,
avant le tir à la cible, dans la mesure qu'ils juge-
ront convenable, mais en n'y consacrant jamais
plus d'une pause par séance.

La pratique du tir conservera dans l'instruction
la place qu'elle a prise depuis quelques années
dans les règlements de manœuvres, et continuera à faire partie des exercices habituels de la
troupe.

L'instruction individuelle de l'homme et de
l'escouade en terrains variés commencera de très-
bonne heure, ce qui permettra de faire marcher
de front les exercices du tir à la cible, qui déve-
loppent l'adresse du tireur, et les exercices de
combat, qui enseignent aux soldats et aux chefs
la conduite et la discipline du feu.

Enfin, et quoique ce sujet soit en dehors du
travail relatif à la révision proprement dite du
règlement sur les manœuvres, la Commission
émet le vœu que les autres prescriptions con-

cernant l'organisation, l'éducation, les différents services des corps de troupes, soient mises,
dans leur esprit général, dans leur plan et dans
leurs détails, en corrélation intime avec les conclusions qui précèdent, conclusions forcément
amenées par l'adoption du nouveau mode d'action.

C'est ainsi que, pour rendre moins sensible le
passage du pied de paix au pied de guerre, la
Commission pense qu'il est indispensable de n'a-
dopter pour le premier rien qui ne soit applica-
ble au second.

C'est encore dans le même ordre d'idées que,
pour donner satisfaction à la condition exigée
par la méthode d'enseignement, de ne distraire
au profit d'objets étrangers aucun des moments
qu'on doit employer à l'instruction, la Commission pense qu'il serait bon de restreindre autant
que possible le service de place et de le faire fournir par des fractions constituées.

De même il semble que la marche suivie pour
l'instruction du tir serait avantageusement modifiée, si l'on s'appliquait avant tout à faire de la
masse des hommes de bons tireurs aux petites
distances, et si l'on prescrivait de ne passer aux
grandes que lorsque le soldat est devenu suffisamment habile dans les premiers tirs; car, on
ne saurait trop le répéter, c'est la véritable manière de préparer les hommes à se servir utilement de leurs armes aux grandes distances; de
plus, le tir à courte portée est le seul qui puisse
avoir une efficacité toujours suffisante.

En résumé, les divers règlements doivent être
établis aujourd'hui sur une base commune, de
manière que les prescriptions des uns ne soient
pas en désaccord avec les principes adoptés par

les autres ; que tous s'entr'aident pour arriver au but le plus sûrement et le plus rapidement possible, et que leur application reproduise constamment le même ordre d'idées et la même manière de faire.

RÈGLEMENT DU 12 JUIN 1875

SUR

LES MANŒUVRES

DE L'INFANTERIE

TITRE PREMIER
BASES DE L'INSTRUCTION

ARTICLE Iᵉʳ.

Composition d'un régiment.

1. Le régiment se compose de quatre bataillons, de deux compagnies de dépôt et d'une section hors rang.

2. Le bataillon se compose de quatre compagnies.

3. Le fractionnement normal de la compagnie est en quatre sections numérotées de 1 à 4, de la droite à la gauche ; les deux premières sections réunies forment le premier peloton ; les deux dernières, le deuxième peloton.

4. Sur le pied de paix, chaque section est divisée en deux escouades; les huit escouades sont désignées par les numéros impairs de 1 à 15 (1).

5. Sur le pied de guerre, chaque escouade se dédouble, et les escouades nouvelles prennent les numéros pairs, de 2 à 16 (2).

Classement et commandement.

6. Les chefs de bataillon et les capitaines sont classés d'après leur ancienneté pour le commandement des bataillons et des compagnies.

7. Le plus ancien chef de bataillon commande le premier bataillon, le plus ancien après lui commande le deuxième, et ainsi des autres.

8. Le classement des capitaines est opéré de de façon à les répartir dans tous les bataillons selon leur ancienneté, d'après le tableau suivant :

---

(1) Dans les compagnies ayant douze caporaux, les sections sont divisées en trois escouades désignées par les numéros 1, 2, 3, pour la première section; 5, 6, 7, pour la deuxième; 9, 10, 11, pour la troisième; 13, 14, 15, pour la quatrième.

(2) Sur le pied de guerre, on forme les 4e, 8e, 12e et 16e escouades.

1er BATAILLON.		2e BATAILLON.		3e BATAILLON.		4e BATAILLON.		DÉPÔT.	
1re ce.	1er cap.	1re ce.	2e cap.	1re ce.	3e cap.	1re ce.	4e cap.		
2e id.	10e id.	2e id.	11e id,	2e id.	12e id.	2e id	13e id.		
3e id.	5e id.	3e id.	6e id.	3e id.	7e id.	3e id.	8e id.	1re ce.	9e cap.
4e id.	14e id.	4e id.	15e id.	4e id.	16e id.	4e id.	17e id.	2e id.	18e id.

9. Les adjudants-majors sont répartis dans les
bataillons d'après leur rang d'ancienneté dans
la fonction, le plus ancien au premier bataillon,
le plus ancien après lui au deuxième bataillon,
et ainsi des autres.

10. Dans chaque compagnie, le lieutenant
commande la deuxième section, le sous-lieutenant la quatrième, l'officier de réserve la première et le sergent-major la troisième. Quand
deux sections sont réunies pour former un peloton, c'est le lieutenant qui a le commandement
du premier peloton et le sous-lieutenant qui a
celui du deuxième. A défaut de l'officier de réserve, le plus ancien sergent de la compagnie le
remplace dans le commandement de la première
section.

11. Sur le pied de paix, les sergents secon-
dent les chefs de section dans le commandement
de la section.

12. Sur le pied de guerre, le plus ancien
sergent de chaque section commande les deux
escouades de droite, le moins ancien commande

les deux escouades de gauche ; un groupe de
deux escouades forme alors une demi-section.

13. Dans les manœuvres, en l'absence du capitaine et du lieutenant d'une compagnie, le commandant du régiment désigne pour la commander, s'il le juge convenable, un lieutenant d'une autre compagnie.

En l'absence du chef d'une subdivision, elle est commandée par le plus élevé en grade ou le plus ancien dans le grade immédiatement inférieur ; dans l'escouade le plus ancien soldat de 1re classe prend le commandement.

Tiercement.

14. Le tiercement pour les chefs de bataillon et les capitaines a lieu tous les trois ans ou toutes les fois que le Ministre de la guerre l'ordonne. Les uns et les autres sont classés, conformément au tableau ci-dessus. Chaque compagnie suit son capitaine.

Le tiercement des adjudants-majors a lieu aux mêmes époques que celui des capitaines de compagnie et s'effectue d'après l'ancienneté dans la fonction.

Formation d'un régiment dans l'ordre constitutif.

15. Les bataillons d'un régiment, dans l'ordre constitutif, sont formés sur la même ligne d'après la série de leurs numéros, en commençant par la droite, à vingt-cinq pas (20 mètres environ) d'intervalle. Les deux compagnies de dépôt, ayant à leur gauche la section hors rang, sont placées à la gauche du 4e bataillon, avec le même intervalle.

16. Les compagnies sont formées, dans chaque bataillon, d'après l'ordre de leurs numéros, de la droite à la gauche, à deux pas d'intervalle.

17. Chaque compagnie et formée sur deux rangs, les files à 12 centimètres l'une de l'autre.

18. La distance d'un rang à l'autre est de 40 centimètres, qui sont mesurés de la poitrine des hommes du second rang au dos de l'homme qui les précède dans leur file, ou à son havre-sac, quand le soldat est chargé.

Cette distance est portée à 70 centimètres dans la colonne de route.

19. Pour une première formation seulement, le rang de taille est établi par section ; les quatre hommes les plus grands de la compagnie forment les numéros 1 du deuxième rang de chaque section (derrière le caporal), les quatre plus grands ensuite les numéros 2 du premier rang, et ainsi de suite. Les huit caporaux du pied de paix sont placés dans les huit escouades impaires, d'après leur rang de taille ; les quatre sergents sont classés d'après leur ancienneté dans les quatre sections, de la droite à la gauche (1).

20. Cette répartition faite une fois pour toutes au moment de l'organisation d'une compagnie, la formation ne subit, lors d'une mobilisation

---

(1) Dans les compagnies ayant six sergents et douze caporaux, les douze caporaux sont placés dans les douze escouades, de la droite à la gauche, d'après leur rang de taille ; le cinquième sergent est placé au premier peloton, et le sixième au deuxième.

partielle ou totale, que les modifications suivantes :

21. En cas de mobilisation partielle, le nouveau contingent est rangé en quatre fractions, d'après les mêmes principes que l'ancien, et subdivisé en huit groupes qui renforcent les escouades du pied de paix (1).

22. Pour une mobilisation complète, le contingent nouveau, rangé de même en quatre fractions, est divisé en seize groupes qui renforcent les escouades du pied de paix au préalable dédoublées. Ces prescriptions pourront être appliquées même en cas de mobilisation partielle, si l'intérêt de l'instruction l'exige (2).

23. Les huit caporaux du nouveau contingent sont placés dans les huit escouades paires ainsi formées, d'après leur rang de taille. Les quatre nouveaux sergents sont distribués dans les quatre sections de la compagnie, d'après leur rang d'ancienneté ; chaque section sur le pied de guerre comprend par suite deux sergents, dont *un de réserve* ; chacun d'eux commande une demi-section (3).

24. Les bataillons, les compagnies et les es-

---

(1) Le nouveau contingent est divisé en douze groupes.

(2) On a d'abord formé la quatrième escouade de chaque section avec des hommes prélevés sur les trois autres escouades.

(3) Dans les compagnies ayant six sergents et douze caporaux, les quatre caporaux du nouveau contingent sont placés dans les quatre escouades ainsi formées. Les deux sergents de complément, ainsi que les cinquième et sixième, sont répartis comme il est dit pour les quatre nouveaux.

couades sont égalisés, autant que possible, au
moyen des incorporations, et les hommes ne doivent être changés d'escouade que dans des circonstances exceptionnelles, lorsque les besoins du
service l'exigent.

Dans chaque compagnie, les soldats de première
classe, répartis autant que possible en nombre
égal dans chaque escouade, sont placés aux numéros pairs du premier rang.

Place des officiers, sous-officiers et caporaux

25. Le capitaine, à la droite de sa compagnie,
au premier rang, à côté du sous-officier.

26. Tous les chefs de section, à quatre pas du
second rang, derrière le centre de leur section.

27. Dans chaque section, le plus ancien sergent à la droite du premier rang. (Lorsque le
plus ancien sergent commande la première section, il est remplacé à la droite du premier rang
par le plus ancien caporal de sa section) Les
autres sous-officiers, en serre-file, à quatre pas
derrière la gauche de leur section (1). Le fourrier
à la gauche de la compagnie en serre-file, également à quatre pas, le caporal-fourrier derrière
la droite, à la même distance.

28. Les caporaux, à la droite de leur escouade,
au premier rang. Il ne pourra y avoir de files
creuses qu'à la gauche des sections.

---

(1) Dans les compagnies ayant six sergents et douze caporaux, les cinquième et sixième sergents sont placés derrière la
gauche des première et troisième sections.

Place des officiers supérieurs, adjudants-majors, adjudants et médecins-majors.

29. Le colonel, tous les officiers supérieurs et les adjudants-majors sont à cheval.

Le colonel, ayant à sa gauche le lieutenant-colonel, à soixante pas en arrière des serre-files, derrière le centre du régiment.

30. Chaque chef de bataillon, à quarante pas des serre-files, derrière le centre de son bataillon. Le major, à la même distance, derrière le dépôt.

31. L'adjudant-major de chaque bataillon, à dix pas des serre-files, derrière l'intervalle qui sépare les deux premières compagnies.

32. L'adjudant de chaque bataillon, à dix pas des serre-files, derrière l'intervalle qui sépare les deux dernières compagnies.

33. Lorsque les médecins-majors ou aides-majors sont à pied, ils se placent à quatre pas de la droite de leur bataillon, sur l'alignement du premier rang, et lorsqu'ils sont à cheval, à dix pas derrière la droite de leur bataillon.

Place des sapeurs, tambours, clairons et musiciens.

34. Les sapeurs sur deux rangs, à la droite du régiment, ayant leur gauche à dix pas de la 1re compagnie.

Le caporal sapeur, à la droite des sapeurs, au premier rang.

Les sapeurs porteurs d'outils forment la dernière file à la *gauche* de chaque section.

35. Dans chaque bataillon, les tambours sur deux rangs, avec les clairons derrière eux également sur deux rangs, à vingt pas des serre-files, derrière la droite de la 3ᵉ compagnie ; le tambour-major, à la tête des tambours du 1ᵉʳ bataillon ; le caporal tambour de ce bataillon, à la droite de ces tambours, au premier rang ; les caporaux tambours des autres bataillons, à la tête des tambours de ces bataillons ; les musiciens, à deux pas derrière les clairons du 1ᵉʳ bataillon.

Place du drapeau.

36. Lorsque le régiment a quatre ou trois bataillons réunis, le drapeau est placé au deuxième bataillon ; mais s'il n'y en a que deux, le drapeau est placé au 1ᵉʳ ; dans les autres bataillons le drapeau est remplacé par un fanion qui a dans les manœuvres la désignation de drapeau, et qui est porté par un sous-officier choisi parmi les fourriers.

37. Dans le bataillon qui a le drapeau du régiment, la garde du drapeau est composée de cinq soldats de 1ʳᵉ classe choisis par le commandant du régiment.

38. Le premier rang de la garde du drapeau est formé du porte-drapeau et de deux soldats de 1ʳᵉ classe, l'un à sa droite, l'autre à sa gauche, et le second rang, des trois autres soldats de 1ʳᵉ classe.

39. Les fanions des autres bataillons, ainsi que celui qui remplace le drapeau, quand il ne sort pas, sont portés par des fourriers ; ces fanions n'ont pas de garde.

40. Le drapeau avec sa garde et les fanions

sont placés à gauche de la 4e section de la 2e
compagnie et ne font pas partie de cette section.

Article II.

Instruction.

**Responsabilité, devoirs et attributions
de chaque grade.**

41. Le colonel est responsable de toutes les
parties de l'instruction du régiment; il exige que
le présent règlement soit ponctuellement suivi.

Il veille à ce que les différents grades conservent l'initiative que comporte leur part de responsabilité, et fait sentir son influence plutôt par une
impulsion régulatrice donnée à l'ensemble que
par une action immédiate dans le détail.

Il tient la main à ce que la progression prescrite par le règlement soit strictement observée;
seul il est juge des modifications à y apporter et
il fixe les époques auxquelles chaque fraction
constituée sera appelée à justifier de l'instruction
acquise pendant la période précédente.

42. Le lieutenant-colonel surveille spécialement la marche de l'instruction théorique et pratique et s'assure que les ordres donnés par le
colonel sont rigoureusement exécutés. Son attention se porte plus particulièrement sur l'instruction des sous-officiers, caporaux et soldats proposés pour l'avancement; il s'assure qu'elle est
suffisante, et en rend compte au colonel.

Il réunit, soit dans des conférences, soit sur le
terrain, les officiers de tous grades pour donner
à leur instruction une impulsion uniforme et

développer en eux le goût du travail. Il leur
explique le but et l'esprit des prescriptions réglementaires, surtout en ce qui regarde leur application au service en campagne et aux petites opérations de la guerre.

43. Le chef de bataillon est responsable de
l'instruction de son bataillon. Jusqu'à la réunion
des compagnies pour l'école de bataillon, il s'attache à les maintenir au même niveau, en gui-
dant au besoin les capitaines d'après les résultats
obtenus.

Il s'assure que les officiers sous ses ordres pos-
sèdent les connaissances professionnelles qui leur
sont nécessaires pour exercer avec autorité les
fonctions de leur grade, et il les leur enseigne
dans des théories et des conférences.

Le chef de bataillon soumet d'avance au colonel
les demandes qu'il croit devoir faire ou qui peuvent lui être faites par ses commandants de compagnie relativement à la nature, au lieu et à la
durée des exercices du lendemain.

Le chef de corps prononce.

44. L'adjudant-major est chargé de l'instruction théorique et pratique des sous-officiers, caporaux et soldats de son bataillon proposés pour
l'avancement, en ce qui concerne les exercices à
rangs serrés; il les met en état de remplir les
fonctions du grade supérieur. Il en est responsable
envers son chef de bataillon.

Lorsque l'instruction de ces sous-officiers, caporaux et soldats est suffisante, le lieutenant-colonel le constate, et le colonel décide qu'ils seront
remis aux soins de leurs commandants de compagnie.

Outre l'adjudant, qui est chargé plus spéciale-

ment des caporaux, il est adjoint à l'adjudant-
major un officier chargé de l'instruction des soldats proposés pour l'avancement.

45. Le capitaine dirige l'instruction de sa
compagnie; il en est responsable. Il varie, dans
la limite des prescriptions réglementaires et des
ordres donnés par le chef de corps, l'objet des
exercices, pour leur donner de l'intérêt. Il fait
autant que possible instruire chaque fraction constituée par son chef, et exerce une action personnelle et constante sur toutes les parties de l'enseignement.

Il complète et perfectionne l'instruction de son
cadre.

Il soumet à son chef de bataillon, pour être
transmises au chef de corps, les demandes qu'il
peut avoir à faire relativement à la nature et aux
heures des exercices de sa compagnie.

L'instruction et l'éducation militaires se donnant réellement dans la compagnie, la mission
du capitaine a une importance des plus grandes:
il s'y consacrera tout entier.

Instruction des officiers.

46. L'instruction des officiers embrasse tout
ce que renferme le présent règlement; ils doivent
être en état d'en expliquer, démontrer et commander toutes les parties; cependant l'école de
brigade ne sera pas exigée des lieutenants et sous-
lieutenants.

Ils doivent en outre posséder, relativement au
tir du fusil et du canon, à la topographie, à la
fortification et à la tactique élémentaire, les connaissances nécessaires à l'exécution des manœuvres et à leur application en terrains variés.

Instruction des sous-officiers.

47. Les sous-officiers doivent pouvoir enseigner les écoles de soldat et de compagnie sur la place d'exercices, ainsi que l'application de l'école de soldat en terrains variés. Ils doivent pouvoir commander leur subdivision dans tous les différents exercices d'application; ils doivent aussi connaître les diverses fonctions de guide dans les manœuvres de compagnie et de bataillon, et la pratique du tir.

Il faut autant que possible qu'ils soient capables d'établir à l'occasion un rapport succinct, et de l'accompagner d'un petit dessin explicatif des dispositions prises dans une opération donnée.

Instruction des caporaux.

48. Les caporaux doivent pouvoir enseigner le titre II du présent règlement ainsi que la pratique du tir, remplir les fonctions de guide à l'école de compagnie et commander leur escouade à la colonne de route et dans les différents exercices d'application.

49. Les soldats proposés pour l'avancement reçoivent la même instruction que les caporaux.

Instruction des recrues.

50. L'instruction des recrues est faite entièrement par les soins de leur commandant de compagnie.

Elle comprend le titre II du présent règlement et la pratique du tir.

Le capitaine fait donner cette instruction de

manière qu'elle soit terminée à l'époque fixée par le chef de corps, en y employant alternativement tous les gradés qui composent son cadre ; les nouveaux promus y sont toujours attachés pendant une période d'instruction.

Lorsque, dans des circonstances exceptionnelles, on est forcé de hâter cette instruction, on s'applique particulièrement à enseigner la charge et la pratique du tir, la marche et l'école de tirailleurs sur la place d'exercices et en terrains variés.

Le capitaine veille avec la plus grande attention à ce que les instructeurs aient pour les hommes de recrue la douceur et la patience avec lesquelles ces derniers doivent toujours être traités.

Les hommes de recrue sont exercés habituellement deux fois par jour, et la durée de chaque exercice est réglée selon les circonstances par le chef de corps.

L'instruction sera donnée d'une manière simple, facilement compréhensible, suivant une marche progressive et sans attendre l'épuisement complet d'un sujet pour passer à un autre, de manière à rendre simultanément l'homme propre à être employé dans toutes les branches du service. C'est ainsi que dès les commencements on fera alterner les exercices d'assouplissement avec les principes de la marche, le maniement d'armes, le montage et le démontage, et les exercices préparatoires du tir, en même temps qu'on initiera les recrues aux détails de discipline, de police et de service intérieur. Plus tard on entremêlera les exercices à rangs serrés, d'abord d'exercices de tirailleurs sur la place d'exercices, puis d'applications en terrains variés, en demandant tous les jours un peu plus de travail et d'efforts aux jeunes soldats.

Lorsque l'instruction des recrues sera assez avancée, on leur fera exécuter l'école de compagnie avec les anciens. S'il y a impossibilité, par suite de la faiblesse des effectifs, de faire cette instruction par compagnie, le chef de corps pourra ordonner dans chaque bataillon la réunion des recrues en un ou plusieurs groupes représentant des sections et des compagnies.

Les hommes de recrue doivent également être familiarisés avec la signification des signaux du tambour, du clairon et du sifflet.

L'instruction des hommes de la deuxième portion du contingent sera faite d'après les mêmes règles.

Instruction du régiment.

51. L'instruction des officiers, sous-officiers et caporaux se poursuit toute l'année, de manière à se compléter et à se perfectionner constamment.

L'instruction du régiment est faite suivant la progression réglementaire, modifiée au besoin par le chef de corps en raison des circonstances locales, de telle sorte qu'à l'époque des manœuvres d'automne, le régiment ait parcouru successivement toutes les parties du présent règlement.

L'instruction première de la place d'exercices étant le point de départ d'une bonne discipline, et ayant pour objet d'inculquer dès le principe à la troupe le sentiment de la cohésion, le colonel y donnera toute son attention.

Toutes les journées, à l'exception du dimanche et de l'après-midi du samedi, sont consacrées aux exercices de toute nature.

Des soins journaliers et constants doivent développer le goût des exercices physiques et du tir, qui donnent au soldat de la confiance en lui-même et lui font connaître toutes les propriétés de son arme. On l'habituera progressivement à manœuvrer avec l'équipement et la charge qu'il aura en campagne.

Dans les exercices du bataillon, les compagnies conservent leur autonomie.

A toutes les périodes de l'instruction, le colonel fait faire, ainsi que le prescrit le présent règlement, des manœuvres d'application, en supposant des circonstances de guerre, avec un ennemi représenté, et en utilisant les terrains qui se trouvent à sa disposition.

L'instruction qui se donne en terrains variés est en effet la réelle préparation des troupes à la guerre; elle doit donc être l'objet d'une étude constante de la part de tous, officiers et soldats.

Les exercices en ordre dispersé sont conduits de façon à développer l'initiative individuelle, tout en la maintenant dans des limites telles que la cohésion ne soit pas compromise.

Les officiers n'oublieront pas que l'enseignement technique puise une très-grande valeur dans la manière dont il est traduit en présence de la troupe; ils chercheront donc à acquérir une aptitude réelle au commandement, et à en faire preuve en toute circonstance. L'attitude personnelle des chefs est de la plus haute importance.

La pratique des prescriptions contenues dans le règlement préparera le régiment aux manœuvres d'automne, qui seront pour la troupe le complément de l'instruction annuelle.

TITRE DEUXIÈME.

ÉCOLE DU SOLDAT

—

PREMIÈRE PARTIE.

DEUXIÈME PARTIE.

CHAPITRE PREMIER.

CHAPITRE II.

PREMIÈRE PARTIE.

—

Règles générales et division de l'école du soldat.

1. Cette école, qui a pour objet l'instruction individuelle, dont dépend l'instruction des compagnies, des bataillons et du régiment, est une des bases fondamentales de l'éducation militaire du soldat ; elle devra donc être enseignée avec le plus grand soin.

Son importance est d'autant plus grande qu'aujourd'hui surtout il est indispensable de développer dès le principe, chez l'homme de recrue, les facultés qui lui permettront de se conduire utilement dans les différentes circonstances du combat en ordre dispersé.

2. L'instructeur donne l'explication de chaque mouvement en peu de paroles claires et précises, et l'exécute toujours lui-même, afin de joindre l'exemple au principe. Il accoutume les soldats à prendre d'eux-mêmes la position démontrée, *ne les touche*, pour la rectifier, que lorsque leur défaut d'intelligence l'y oblige ; il soutient leur attention par un ton animé, ne les arrête point trop longtemps sur les mêmes mouvements, et n'exige que progressivement la précision et l'ensemble. Il garde de sa personne une attitude toujours régulière.

3. Il y a deux sortes de commandements : les

commandements *préparatoires* et les commandements *d'exécution*.

4. Les commandements préparatoires et ceux des exercices de la deuxième partie (indiqués dans le texte par des lettres italiques) sont prononcés distinctement et dans le haut de la voix, en allongeant un peu la dernière syllabe.

5. La partie du commandement qui décide de l'exécution (distinguée dans le texte par des majuscules) est seule articulée. Elle est prononcée d'un ton ferme et bref.

6. L'école du soldat est divisée en deux parties, chaque partie en deux chapitres, et chaque chapitre en six articles.

Le premier chapitre de la première partie contient ce qu'on doit enseigner au soldat indépendamment de l'arme ; le deuxième, ce qu'on doit lui apprendre pour faire usage de son arme.

Le premier chapitre de la deuxième partie comprend le mécanisme des mouvements en tirailleurs sur la place d'exercices, et le second les exercices d'application en terrains variés.

7. Le texte de l'école du soldat en gros caractères devra être appris littéralement. Les instructeurs devront connaître à fond les prescriptions contenues dans le texte en petits caractères, se conformer exactement à leur esprit et s'attacher à en bien faire comprendre la portée aux hommes.

8. Certains articles de la première partie seront suivis d'observations qui auront pour objet de démontrer l'utilité des principes qu'on y aura prescrits. Les instructeurs ne sauraient trop s'attacher à les étudier et à en faire l'application lorsqu'ils instruiront leurs hommes.

CHAPITRE PREMIER.

Règles générales.

9. Les trois premiers articles du premier chapitre de la première partie, à l'exception des exercices d'assouplissement, sont enseignés, autant que possible, à trois ou quatre hommes à la fois. Ils sont sur un rang, de manière que chacun touche avec son bras droit le coude gauche de son voisin de droite, lorsque ce dernier porte le poing gauche sur le ceinturon au-dessus de la hanche : ils se trouvent ainsi à environ 12 centimètres l'un de l'autre.

Pour les exercices d'assouplissement et pour les trois derniers articles du même chapitre, on forme, suivant le nombre des recrues, des groupes de huit à quinze hommes, représentant une escouade, et l'on attache à chacun d'eux un caporal qui l'instruit, sous la surveillance d'un sous-officier.

Pour les exercices d'assouplissement, les hommes sont placés à trois pas les uns des autres, sur deux rangs distants également de trois pas.

Pour les trois derniers articles, ils sont placés d'abord sur un rang, avec l'intervalle qui a été indiqué plus haut. Ces articles sont ensuite exécutés sur deux rangs.

Les hommes sont toujours, dans chaque rang, numérotés de la droite à la gauche.

ARTICLE Iᵉʳ.

Position du soldat sans arme.

10. L'instructeur commande :

Garde a vous.

11. A ce commandement, le soldat fixe son attention et prend la position suivante :

12. Les talons sur la même ligne et rapprochés autant que la conformation de l'homme le permet, les pieds un peu moins ouverts que l'équerre et également tournés en dehors, les genoux tendus sans les roidir, le corps d'aplomb sur les hanches et penché en avant, les épaules effacées et également tombantes, les bras pendant naturellement, les coudes près du corps, la paume de la main un peu tournée en dehors, le petit doigt en arrière de la couture du pantalon, la tête droite sans être gênée, les yeux fixés droit devant soi.

13. Pour faire reposer l'homme, l'instructeur commande :

En place.

Repos.

14. Au commandement de *Repos*, le soldat reste en place sans être tenu de garder l'immobilité ni la position.

15. Exercices d'assouplissement (1).

Mouvements de la tête et du corps.

Tourner la tête à droite et à gauche.
Fléchir la tête en avant et en arrière.
Fléchir la tête vers la droite et vers la gauche.
Fléchir le corps en avant et en arrière.

Mouvements des bras.

Mouvement vertical des bras sans flexion.
Mouvement vertical des bras avec flexion.
Mouvement horizontal des avant-bras.
Etendre les bras latéralement et verticalement.
Rotation des bras.

Mouvements des jambes.

Fléchir la jambe.
Fléchir la cuisse et la jambe.
Fléchir sur les extrémités inférieures.
Exercices pyrrhiques.
Equilibre.
Courses.
Sauts à pieds joints.
Sauts précédés d'une course.

ARTICLE II.

A droite, à gauche.

16. L'instructeur commande :

____

(1) Se reporter pour le texte de ces mouvements à l'instruction du 24 avril 1846.

Par le flanc droit (gauche).
(A) DROITE (GAUCHE).

17. Au commandement de *Droite (gauche)*, tourner sur le talon gauche d'un quart le cercle à droite (gauche), en élevant un peu la pointe du pied gauche et le pied droit, rapporter ensuite le talon droit à côté du gauche et sur la même ligne.

Demi-à-droite. — Demi-à-gauche.

18. L'instructeur commande :

Demi-à-droite (gauche).
(A) DROITE (GAUCHE).

19. Le mouvement s'exécute comme celui de à droite (gauche), mais le soldat ne tourne que d'un demi-quart de cercle.

Demi-tour à droite.

20. L'instructeur commande :

Demi-tour.
(A) DROITE.

21. Au commandement de *Droite*, faire un demi-à-droite sur le talon gauche, placer le pied droit en équerre, le milieu du pied vis-à-vis et à environ 10 centimètres du talon gauche, tourner sur les deux talons en élevant un peu la pointe des pieds, les jarrets tendus, faire face en arrière et rapporter ensuite vivement le talon droit à côté du gauche.

ARTICLE III.

Principe des différents pas.

Pas accéléré.

22. La longueur du pas accéléré est de 75 centimètres, à compter d'un talon à l'autre, et sa vitesse de 115 par minute.

23. L'instructeur, se plaçant à dix ou douze pas des soldats et leur faisant face, leur explique le mécanisme du pas, en le décomposant comme il va être indiqué; il l'exécute lui-même, afin de joindre l'exemple au principe, et il commande :

En avant.
Marche.

24. Au commandement de *En avant*, le soldat porte le poids du corps sur la jambe droite.

25. Au commandement de *Marche*, il porte le pied gauche en avant, la pointe légèrement tournée en dehors, le pose sans frapper à 75 centimètres du droit, le talon droit levé, tout le poids du corps portant sur le pied qui pose à terre.

26. Au commandement de *Deux*, le soldat porte la jambe droite en avant, le pied passant près de terre, pose ce pied à la même

distance et de la même manière qu'il vient
d'être expliqué pour le pied gauche, et continue de marcher ainsi aux commandements
de *Un*, *deux*, sans que les jambes se croi-
sent, sans que les épaules tournent, en laissant aux bras un mouvement d'oscillation
naturelle, et la tête restant toujours dans la
position directe.

27. Pour arrêter, l'instructeur commande :

Escouade.
HALTE.

28. Au commandement de *Halte*, qui est
fait indistinctement sur l'un ou l'autre pied,
le soldat rapporte le pied qui est en arrière
à côté de l'autre sans frapper.

29. L'instructeur s'attache d'abord à habituer
les soldats à faire des pas de la longueur voulue ;
quand les hommes sont bien rompus avec cette
habitude, on accélère peu à peu l'allure, de façon
à arriver progressivement à la cadence de 115 pas
à la minute.

30. Afin de donner au mécanisme du pas toute
la régularité et toute la précision désirables, l'instructeur veille à ce que le corps porte bien sur
le pied qui est en avant, à ce que le talon de
l'autre pied se lève à temps pour faciliter ce
mouvement, et à ce que la tête reste haute, le
corps ne penchant ni à droite ni à gauche.

31. Quand les hommes sont familiarisés
avec la longueur et la vitesse réglementaires

du pas, l'instructeur les exerce à la marche
en avant sans décomposer, en indiquant de
temps en temps seulement la cadence au
moyen des commandements : *Un*, quand le
pied gauche pose à terre, et *Deux*, quand
c'est le droit.

32. Le caporal arrête l'escouade par les commandements et les moyens prescrits (n°ˢ 27 et 28).
Il fait le commandement de *Halte* sur l'un ou
l'autre pied, mais un moment avant qu'il soit près
de poser à terre.

Pas en arrière.

33. Le soldat étant de pied ferme, l'instructeur commande :

> *En arrière.*
> Marche.

34. Au commandement de *Marche*, le
soldat retire vivement le pied gauche en arrière et le porte à la distance de 35 centimètres, à compter d'un talon à l'autre, fait
de même du pied droit, et continue jusqu'au
commandement de *Halte*, qui est toujours
précédé de celui de *Escouade*. Le soldat s'arrête à ce commandement en rapportant le
pied qui est en avant à côté de l'autre, sans
frapper.

35. L'instructeur veille à ce que le soldat se
porte droit en arrière et à ce que l'aplomb, ainsi
que la position du corps, soient toujours con-

2.

servés. La cadence de ce pas est la même que celle du pas accéléré.

36. Dans les premiers exercices, on n'exige point que les soldats s'occupent de l'alignement ; d'ailleurs, lorsqu'ils ont contracté l'habitude de faire des pas égaux en longueur et en vitesse, ils ont acquis le vrai moyen de conserver l'alignement.

37. Le pas accéléré étant le pas habituel de la troupe, il n'est énoncé dans le commandement préparatoire que lorsque la troupe, étant en marche à une autre allure, doit prendre ce pas.

Pas gymnastique.

38. La longueur du pas gymnastique est de 80 centimètres, et sa vitesse habituelle de 170 par minute.

39. L'instructeur commande :

En avant.
Pas gymnastique.
Marche.

40. Au commandement de *En avant*, le soldat porte le poids du corps sur la jambe droite.

41. A celui de *Pas gymnastique*, il place les mains à hauteur des hanches, les doigts fermés, les ongles en dedans, les coudes en arrière.

42. Au commandement de *Marche*, il

porte le pied gauche en avant, la jambe légèrement ployée, le genou peu élevé, pose
le pied gauche, la pointe la première, à 80
centimètres du droit, et il exécute avec le
pied droit ce qui vient d'être prescrit pour
le gauche. Ce mouvement se continue ainsi
en portant le poids du corps sur la jambe
qui pose à terre, et en laissant aux bras un
mouvement d'oscillation naturelle.

43. Pour arrêter, l'instructeur commande :

Escouade.
Halte.

44. Au commandement de *Halte*, le soldat rapporte le pied qui est en arrière à côté
de l'autre et laisse tomber les mains dans
le rang à la position du soldat sans arme.

45. Lorsque les hommes sont équipés, au
commandement de *Pas gymnastique*, ils saisissent
avec la main gauche le fourreau de la baïonnette,
près de l'extrémité inférieure qu'ils ramènent en
avant. Au commandement de *Halte*, ils abandon-
nent le fourreau de la baïonnette de la main
gauche.

46. L'instructeur indique la cadence du pas
en faisant le commandement de *Un* quand le pied
gauche pose à terre, et celui de *Deux* quand c'est
le pied droit.

47. Le pas gymnastique peut s'exécuter à
différents degrés de vitesse. Dans les circonstances pressantes, la cadence de ce pas peut être
portée à 180 par minute.

48. On recommande au soldat de ne respirer, autant que possible, que par le nez, en conservant la bouche fermée. L'expérience a prouvé qu'en se conformant à ce principe, un homme pouvait fournir une course plus longue et avec moins de fatigue.

Observations.

49. Les principes du pas de route sont les mêmes que ceux du pas accéléré, mais sa vitesse est augmentée progressivement et peut être portée momentanément jusqu'à 130 par minute ; il n'est pas cadencé et les soldats ne sont plus tenus de marcher du même pied.

50. Les principes du pas de charge sont les mêmes que ceux du pas accéléré, mais sa vitesse est de 130 par minute.

Marquer le pas.

51. Le soldat étant en marche, l'instructeur commande :

Marquez le pas.
MARCHE.

52. Au commandement de *Marche*, qui est fait un moment avant que le pied soit près de poser à terre, le soldat marque simplement la cadence du pas en soulevant et en replaçant à terre alternativement l'un et l'autre pied.

53. Pour faire reprendre la marche, l'instructeur commande :

En avant.
MARCHE.

54. Au commandement de *Marche*, qui est fait comme il est prescrit ci-dessus, le soldat reprend le pas de 75 centimètres.

Changer le pas.

55. Le soldat étant en marche, l'instructeur commande :

Changez le pas.
MARCHE.

56. Au commandement de *Marche*, qui est fait un moment avant que le pied soit près de poser à terre, le soldat rapporte le pied qui est en arrière à côté de celui qui vient de poser à terre, et repart de ce dernier pied.

ARTICLE IV.

Mouvements de tête à droite et à gauche.

57. L'instructeur commande :

Tête.
(A-) DROITE (GAUCHE).
FIXE.

58. Au commandement de *Droite* (*gauche*), les soldats tournent légèrement la tête à droite (gauche) sans brusquer le mouvement, sans déranger la position des épaules,

les yeux fixés sur la ligne des yeux des soldats du même rang.

59. Au commandement de *Fixe*, ils replacent la tête dans la position directe, qui doit être la position habituelle du soldat.

Alignements.

60. L'instructeur exerce d'abord les soldats à s'aligner homme par homme, afin de leur faire mieux comprendre les principes de l'alignement; à cet effet, il fait porter les deux hommes de droite (gauche) trois pas en avant, au moyen du commandement :

> *Deux hommes de droite (gauche, trois pas en avant.*

Marche.

Et les ayant alignés, il avertit successivement chaque soldat en le désignant par son numéro seulement, de se porter sur l'alignement des deux premiers; ceux-ci, en arrivant sur la ligne, ont dû placer le point gauche sur le ceinturon au-dessus de la hanche.

61. Chaque soldat, à l'appel de son numéro, tourne la tête et les yeux à droite (gauche) comme il est prescrit (n° 57), marche trois pas en avant en raccourcissant le dernier, de manière à se trouver à environ 15 centimètres en arrière du nouvel alignement, qu'il ne doit jamais dépasser ; à ce mö=

ment il place le point gauche comme il a été
dit ; il se porte ensuite par petits pas, les jarrets tendus, tranquillement et sans saccade,
à côté de l'homme auquel il doit appuyer,
de manière que, sans déranger la position de
sa tête, la ligne de ses yeux ainsi que celle
de ses épaules se trouvent dans la direction
de celles de son voisin, et qu'il sente très-
légèrement le coude de ce dernier.

62. L'instructeur, voyant les soldats alignés,
commande :

FIXE.

63. Au commandement de *Fixe*, les soldats laissent tomber la main gauche dans le
rang et replacent la tête dans la position directe.

64. Lorsque les soldats ont ainsi appris à
s'aligner homme par homme, correctement et sans
tâtonner, l'instructeur fait aligner le rang entier
à la fois par le commandement suivant :

A droite (gauche).
ALIGNEMENT.

65. A ce commandement, le rang, à l'exception des deux hommes placés d'avance
pour service de base d'alignement, se porte
sur la nouvelle ligne et s'y place d'après les
principes prescrits (n° 61).

66. L'instructeur, placé à dix ou douze pas
en avant et faisant face au rang, veille à l'ob-

servation des principes, et se porte ensuite à l'aile qui a servi de base à l'alignement pour le vérifier.

67. L'instructeur, voyant le plus grand nombre des soldats alignés, commande :

FIXE.

68. Il commande ensuite aux hommes qui ne sont pas alignés : *Rentrez* ou *Sortez*, en les désignant par leurs numéros. L'homme ou les hommes désignés tournent légèrement la tête du côté de l'alignement pour juger de combien ils doivent avancer ou reculer, se portent tranquillement sur la ligne, et replacent ensuite la tête dans la position directe.

69. Les alignements en arrière se prennent d'après les mêmes principes. Les soldats se portent un peu en arrière de la ligne et s'y placent ensuite par de petits mouvements en avant, conformément à ce qui est prescrit (n°° 60 et suivants).

70. L'instructeur après avoir fait porter à son commandement les deux hommes de droite (gauche) quatre pas en arrière pour servir de base d'alignement, commande :

En arrière à droite (gauche).
ALIGNEMENT.

Observations.

71. L'instructeur doit s'attacher à ce que le soldat arrive tranquillement sur la ligne;

Qu'il ne penche pas le corps en arrière ni la tête en avant;

Qu'il ne tourne la tête que le moins possible, seulement de manière à voir la ligne des yeux et à apercevoir légèrement la poitrine du deuxième homme du côté de l'alignement;

Qu'il ne dépasse jamais l'alignement;

Qu'au commandement de *Fixe*, il cesse tout mouvement, quand même il ne serait pas aligné;

Qu'au commandement de *Tel* ou *tel numéro, rentrez* ou *sortez*, ceux qui n'ont pas été désignés ne bougent;

Que dans les alignements en arrière, le soldat dépasse un peu la ligne en reculant.

72. L'instructeur fera aussi placer les hommes sur deux rangs, et les fera aligner en prenant les deux files de droite (gauche) pour base d'alignement.

ARTICLE V.

Marche de front.

73. Le rang étant correctement aligné, l'instructeur place un soldat bien dressé à la droite (gauche), selon le côté où il veut que soit le guide, et commande :

En avant.

Guide à droite (gauche).

MARCHE.

74. Au commandement de *Marche*, le

3

rang part vivement du pied gauche, le guide a soin de marcher droit devant lui et de maintenir toujours ses épaules carrément.

75. L'instructeur veille à ce que chaque soldat conserve toujours l'intervalle qui doit le séparer de son voisin du côté du guide ;

Qu'il cède à la pression qui pourrait venir de ce côté et résiste à celle qui viendrait du côté opposé ;

Qu'il ne reprenne qu'insensiblement son intervalle, au cas où il l'aurait perdu ;

Qu'il conserve la tête droite, de quelque côté que le guide soit indiqué ;

Qu'il ne se remette que peu à peu sur l'alignement, en allongeant ou en raccourcissant le pas d'une manière presque insensible, s'il s'aperçoit qu'il est trop en avant ou trop en arrière.

Marche oblique.

76. Les soldats étant affermis dans les principes de la marche directe, l'instructeur les exerce à marcher obliquement. A cet effet, le rang étant en marche, il commande :

Oblique à droite (gauche).
MARCHE.

77. Au commandement de *Marche*, qui est fait un moment avant que le pied gauche (droit) soit près de poser à terre, chaque soldat fait un demi-à-droite (gauche) et marche ensuite droit devant lui dans la nouvelle direction, en donnant de temps en temps un coup d'œil sur la ligne des épaules de ses voisins de droite (gauche), et en réglant son pas de manière que ses épaules soient placées parallèlement aux épaules de son voisin de ce côté, et que la tête de ce dernier lui cache celle des autres hommes du rang. Tous les soldats doivent conserver l'égalité du pas et le même degré d'obliquité.

78. Pour faire reprendre la marche directe, l'instructeur commande :

En avant.

Marche.

79. Au commandement de *Marche*, qui est fait un moment avant que le pied droit (gauche) soit près de poser à terre, chaque soldat fait un demi-à-gauche (droite) et tous marchent ensuite droit devant eux en se conformant aux principes de la marche directe.

80. Lorsque les soldats sont familiarisés avec ces divers principes, et qu'ils sont bien affermis dans la position du corps, le mécanisme, la longueur et la vitesse du pas, l'instructeur les fait passer du pas accéléré au pas gymnastique, et réciproquement.

81. A cet effet, il commande :

Pas gymnastique.

Marche.

82. Au commandement de *Marche*, qui est fait sur l'un ou l'autre pied indistinctement, le rang prend le pas gymnastique. Les hommes s'attachent à observer les principes du pas gymnastique et à conserver l'alignement.

83. Pour faire reprendre le pas accéléré, il commande :

Pas accéléré.
Marche.

84. Au commandement de *Marche*, qui est fait indistinctement sur l'un ou l'autre pied, le rang reprend le pas accéléré.

85. Le rang étant en marche, l'instructeur l'arrête par les commandements et les moyens prescrits.

86. Le rang étant en marche au pas accéléré, l'instructeur lui fait quelquefois marquer et changer le pas par les commandements et les moyens prescrits.

87. Le rang étant en marche au pas accéléré ou au pas gymnastique, l'instructeur lui fait faire demi-tour pour marcher en arrière sans arrêter, par le commandement :

Demi-tour à droite.
Marche.
Guide à gauche (droite).

88. Au commandement de *Marche*, qui est fait à l'instant où le pied gauche est en l'air, les soldats posent ce pied à terre, font face en arrière en tournant sur la pointe des pieds, et repartent du pied gauche dans la nouvelle direction.

89. Le rang étant en marche, l'instructeur l'arrête en lui faisant faire demi-tour, par le commandement :

Demi-tour à droite.

Halte.

90. Au commandement de *Halte*, qui est fait à l'instant où le pied gauche est près de poser à terre, les soldats font demi-tour en tournant sur ce pied, et rapportent le pied droit sur l'alignement du gauche.

91. Le rang étant de pied fermé, l'instructeur lui fait marcher le pas en arrière par le commandement :

En arrière.

Guide à droite (gauche).

Marche.

92. Au commandement de *Marche*, les soldats se portent en arrière en se conformant aux principes prescrits (n° 34).

93. Lorsque les soldats exécutent suffisamment bien les différentes marches sur un rang, l'instructeur les place sur deux rangs et les exerce à marcher dans cet ordre, au moyen des mêmes commandements et d'après les mêmes principes. Les hommes du second rang doivent avoir soin de marcher exactement derrière leurs chefs de file et de conserver toujours la distance qui les en sépare.

Passer d'un rang sur deux, et réciproquement.

94. Les hommes étant sur un rang, l'instructeur commande :

A droite sur deux rangs.
Droite.
Marche.

95. Au commandement de *Droite*, tout le rang, à l'exception du guide, qui ne bouge pas, fait à-droite; chaque numéro pair se porte à la droite du numéro impair qui se rouve devant lui, et forme avec lui une file de deux hommes.

96. Au commandement de *Marche*, la première file fait front, les autres files se mettent en marche, serrent à leurs intervalles, font front et s'alignent.

97. Les hommes étant sur deux rangs, l'instructeur commande :

A droite sur un rang.
Marche.

98. Au commandement de *A droite sur un rang*, le guide de droite fait à-droite.

99. Au commandement de *Marche*, ce guide se met en marche et se dirige sur le prolongement du premier rang.

100. La première file se met en marche

en même temps que le guide ; l'homme du
premier rang tourne à droite dès le premier
pas, suit le guide, et est suivi lui-même par
l'homme du second rang de sa file qui vient
tourner à la même place que lui. La deuxième
file et successivement toutes les autres se
mettent en marche comme il est prescrit
pour la première, de manière que l'homme
du premier rang suive immédiatement
l'homme du second rang de la file qui se
trouve à sa droite. Lorsque le dernier homme
se met en marche, l'instructeur arrête le
rang et lui fait faire front.

101. Les formations ci-dessus décrites s'exécutent habituellement par la droite ; mais lorsque
l'instructeur veut les faire exécuter par la gauche,
il fait faire demi-tour ; le guide se porte à la
gauche devenue droite et au second rang devenu
premier, s'il y a deux rangs.

102. La formation s'exécute ensuite par les
mêmes commandements et d'après les mêmes
principes que par le premier rang ; le mouvement commence par la file de gauche devenue
file de droite, et dans chaque file par l'homme du
deuxième rang qui est en avant. La formation
étant achevée, l'instructeur fait faire demi-tour.

Faire rompre les rangs et rassembler l'escouade.

103. L'escouade étant de front et sur deux
rangs, l'instructeur commande :

Rompez vos rangs.
MARCHE.

104. Les hommes se dispersent et emportent leurs armes.

105. Pour reformer l'escouade, l'instructeur lève son fusil et commande :

Rassemblement.

106. A ce commandement, les hommes se forment sur deux rangs dans l'ordre de leurs numéros, à quatre pas de l'instructeur et lui faisant face.

Faire agenouiller ou coucher l'escouade de pied ferme ou en marche.

107. Pour faire agenouiller l'escouade, le caporal commande :

A genou.

108. A ce commandement, les hommes prennent la position prescrite pour les feux à genou.

109 Pour faire coucher l'escouade, le caporal commande :

Couchez-vous.

110. A ce commandement, le premier rang se porte deux pas en avant, puis les hommes des deux rangs se couchent à plat ventre comme il est prescrit (nº 241).

111 Le caporal fait relever l'escouade agenouillée ou couchée par le commandement :

Debout.

112. Si l'escouade est couchée, le deuxième rang serre à sa distance après s'être relevé.

Changements de direction.

113. Les changements de direction s'exécutent de pied ferme et en marchant.

Changement de direction de pied ferme.

114. Le rang étant de pied ferme, l'instructeur commande :

Escouade à droite (gauche).

Marche.

115. Au commandement de *Marche*, l'homme de droite (gauche) fait à-droite (gauche) sur place; les autres font un demi-à-droite (gauche), se portent vivement en ligne par le chemin le plus court, en observant de n'y arriver que successivement, et s'y placent à hauteur de leurs voisins de droite (gauche), en s'alignant d'eux-mêmes de ce côté d'après les principes prescrits.

116. L'instructeur dirige l'alignement, et, une fois le dernier homme établi sur la ligne, il commande : *Fixe.*

117. Au commandement de *Fixe*, les hommes laissent tomber la main gauche dans le rang et replacent la tête dans la position directe.

Changement de direction en marchant.

118. Le rang étànt en marche, l'instructeur fait placer le guide à gauche (droite) et commande :

Changement de direction à droite (gauche).
MARCHE.

119. Le commandement préparatoire est prononcé lorsque le rang est à quatre pas du point où il doit changer de direction.

120. Au commandement de *Marche*, qui est fait au moment où le guide arrive à ce point, l'homme qui est au pivot fait le pas de 20 centimètres et gagne ainsi du terrain en avant en se conformant au mouvement de l'aile marchante, et en décrivant une petite courbe de manière à dégager le point de conversion. Aussitôt que le mouvement commence, le guide mesure des yeux le terrain qu'il doit parcourir, maintient le pas de 75 centimètres, avance un peu l'épaule extérieure dès le premier pas, et jette de temps en temps les yeux sur le rang, en réglant sa marche de manière que les hommes de ce rang puissent conserver leurs intervalles.

Les soldats tournent la tête du côté de l'aile marchante, conservent leurs intervalles de ce côté et se conforment au mouvement du guide, en faisant le pas d'autant plus petit qu'ils sont plus rapprochés du pivot.

Le milieu du rang cintre un peu en ar—
rière.

121. Le changement de direction étant
achevé, l'instructeur commande :

En avant.

Marche.

122. Le commandement préparatoire est
prononcé lorsqu'il reste quatre pas à faire
pour que le changement de direction soit
achevé.

123. Au commandement de *Marche*, qui
est fait à l'instant où le changement de direction est achevé, le guide se dirige droit
en avant, l'homme qui est au pivot et tout le
rang reprennent le pas de 75 centimètres et
replacent la tête directe.

124. Les changements de direction s'exécutent au pas gymnastique d'après les principes
énoncés ci-dessus.

125. On fait exécuter les changements de
direction aux hommes placés sur deux rangs par
les commandements et les moyens qui viennent
d'être indiqués.

Article VI.

Marche par le flanc.

126. Le rang étant de pied ferme et correctement aligné, l'instructeur commande :

Par le flanc droit (gauche).

(A) DROITE (GAUCHE).

En avant.

MARCHE.

127. Au commandement de *Droîte (gauche)*, les soldats font à droite et doublent; le doublement se fait toujours en dedans de l'alignement, et les files doublées se composent toujours des deux mêmes hommes, sans intervalle, dont l'un a un numéro impair et l'autre le numéro pair immédiatement au-dessus. Ainsi les numéros 1 et 2, 3 et 4, 5 et 6, doublent toujours entre eux. Lorsque le rang fait par le flanc, c'est celui des deux hommes qui se trouve en arrière qui double sur celui qui est en avant.

128. Au commandement de *Marche*, les hommes partent vivement du pied gauche; les files restent alignées et conservent leurs distances; les soldats marchent dans chaque rang les uns derrière les autres, de manière que la tête de l'homme qui précède immédiatement chaque soldat lui cache celles de tous ceux qui sont devant lui.

129. L'instructeur place un homme bien dressé à côté du soldat qui est en tête du rang doublé, pour régler son pas et le conduire; il est recommandé à ce soldat de ne pas quitter le coude de l'homme qui est chargé de le diriger.

130. L'instructeur se place habituellement

à cinq ou six pas sur le flanc des hommes qu'il instruit, afin de voir si les files marchent à leurs distances; il se porte aussi quelquefois derrière le rang doublé, s'arrête et lui laisse parcourir quinze ou vingt pas, afin d'observer si les hommes marchent bien les uns derrière les autres.

131. Si les hommes sont sur deux rangs, le premier rang double comme il vient d'être dit : le deuxième déboîte d'un pas à droite et double de la même manière, de telle sorte que, le mouvement exécuté, les files se trouvent formées de quatre hommes sans intervalles, alignés du côté du premier rang.

Lorsque les hommes sont bien affermis dans les principes du doublement et de la marche par le flanc, l'instructeur les exerce à se mettre en marche immédiatement après avoir doublé, au commandement :

Par le flanc droit (gauche).

Marche.

Au commandement de *Marche*, les soldats font par le flanc droit (gauche) et partent ensuite du pied gauche, conformément aux principes prescrits (n° 25).

**Dédoubler et doubler les files
en marchant.**

132. L'instructeur commande :

Dédoublez les files.

Marche.

133. Au commandement de *Marche*, les files qui ont doublé raccourcissent le pas les hommes reprennent leurs places dans le rang entre leurs voisins habituels ; ceux du second rang appuient pour se replacer à côté de leurs chefs de file.

134. Pour faire doubler les files, l'instructeur commande :

Doublez les files,

MARCHE.

135. Au commandement de *Marche*, les files doublent comme il est prescrit (n° 127).

Arrêter le rang et lui faire faire front.

136. L'instructeur commande :

Escouade.

HALTE.

A gauche (droite).

FRONT.

137. Au commandement de *Halte*, le rang s'arrête et aucun soldat ne bouge plus, quand même il aurait perdu sa distance.

138. Au commandement de *Front*, chaque soldat fait front du côté indiqué ; ceux qui se trouvent derrière dédoublent en même temps pour se porter vivement à leur place dans le rang.

139. Lorsque les hommes sont bien affermis dans l'exécution de ces mouvements, l'instructeur

les exerce à faire front immédiatement après s'être
arrêtés, au commandement de :

> *Par le flanc gauche (droit).*
> HALTE.

Au commandement de *Halte*, le rang s'arrête
et fait immédiatement front du côté indiqué.

140. Si avant de faire par le flanc, les hommes
étaient sur deux rangs, le deuxième rang fait
front en dédoublant comme le premier, puis il
serre à sa distance.

Changement de direction par file.

141. Lorsque les soldats ont acquis l'habitude
de la marche par le flanc, l'instructeur les exerce
à changer de direction par file ; à cet effet il commande :

> *Par file à gauche (droite).*
> MARCHE.

142. Au commandement de *Marche*, la
file de tête change de direction à gauche
(droite), en décrivant un petit arc de cercle.
Les deux (ou les quatre) hommes de cette
file conservent l'alignement du côté du premier rang. L'homme qui est à l'aile marchante fait toujours le pas de la même longueur et de la même vitesse ; celui qui est
au pivot raccourcit les trois ou quatre (cinq
ou six) premiers pas. Chaque file vient con-
verser à la même place que celle qui la précède, de manière que la distance entre les

files soit toujours conservée et qu'il n'y ait ni temps d'arrêt ni à-coup dans la marche.

143. L'instructeur fait aussi exécuter les *à-droite* et les *à-gauche* en marchant; à cet effet, il commande :

> *Par le flanc droit (gauche).*
> MARCHE.

144. Au commandement de *Marche*, qui est fait un moment avant que le pied gauche (droit) soit près de poser à terre, les soldats tournent le corps, portent le pied qui est levé dans la nouvelle direction et continuent la marche sans altérer la cadence; les files doublent ou dédoublent rapidement.

145. L'instructeur doit s'abstenir de faire exécuter de suite un trop grand nombre de fois les à-droite (gauche) en marchant, pour ne point faire naître la confusion dans l'esprit du soldat.

146. Les principes de la marche par le flanc au pas gymnastique sont les mêmes qu'au pas accéléré. L'instructeur fait précéder le commandement de *Marche* de celui de *Pas gymnastique*.

147. L'instructeur exerce quelquefois les hommes placés sur un ou sur deux rangs à marcher par le flanc sans doubler les files. Il fait les commandements prescrits (nᵒˢ 119 et suivants), mais il a soin de prévenir les hommes de ne pas doubler. Il veille à ce que la cadence et les distances ne se perdent pas.

148. Les principes de cette marche sont les

mêmes, mais dans les changements de direction,
au cas où les hommes sont sur un rang, le premier homme du rang change de direction sans
altérer la longueur ni la cadence du pas.

CHAPITRE II.

Règles générales.

149. L'article Ier est enseigné aux soldats
dans les théories faites dans les chambres.

150. Les articles II, III et V sont enseignés
en réunissant quatre hommes que l'on fait placer
sur un rang, comme il a été prescrit ; lorsque les
hommes sont bien affermis dans les principes, ils
sont réunis par groupe équivalant à une escouade,
et on leur fait répéter sur deux rangs les mouvements de ces trois articles, ainsi que ceux des cinq
derniers articles du premier chapitre.

151. La baïonnette ne se met au bout du
canon que pour former les faisceaux, croiser la
baïonnette ou exécuter l'escrime à la baïonnette.

ARTICLE Ier.

Démontage et remontage de l'arme.

152. Ordre suivant lequel s'opère le démontage :
1° La baïonnette ;
2° La bretelle ;
3° La baguette ;
4° La vis-arrêtoir, qui ne doit être desserrée
que de trois filets ;
5° La culasse mobile, il faut presser sur la dé-

tente quand on retire la culasse mobile de la
boîte ; la culasse mobile doit être retirée avec précaution, et la gâchette doit être suffisamment
abaissée pour ne pas être rencontrée par la tête
mobile et la rondelle, qu'elle dégraderait si elle
faisait saillie sur le fond de la boîte de culasse ;

6° La vis de culasse ;

7° L'embouchoir ;

8° La grenadière ;

9° Le canon, sur lequel on remarque le guidon
servant à viser et son embase ; le petit tenon, le
grand tenon et la directrice servant à fixer la
baïonnette ; la hausse, qui comprend le pied présentant des gradins pour le placement du curseur
aux petites distances ; la planche mobile graduée
sur le côté gauche pour le tir aux distances variant de 100 en 100 mètres, et sur le côté droit
en millimètres pour le tir aux distances intermédiaires ; le curseur, qui porte le cran de mire
mobile ;

De plus, dans des circonstances exceptionnelles et sur l'ordre d'un officier ou d'un sous-
officier :

10° Les vis du ressort-gâchette ;

11° Le ressort-gâchette, la détente ;

Ces deux pièces ne doivent jamais être séparées ;

12° Les deux vis de sous-garde ;

13° Le pontet ;

14° La pièce de détente.

Les pièces doivent être rangées par ordre au
fur et à mesure qu'on les démonte.

Le remontage s'opère dans l'ordre inverse du
démontage. Avoir soin de mettre à fond la vis de
ressort de gâchette.

Les pièces non indiquées dans cette nomenclature ne doivent jamais être démontées par le soldat ; elles sont nettoyées en place.

Ordre à suivre pour démonter la culasse mobile.

153. 1° Mettre le chien à l'abattu ;

2° Dévisser le bouchon avec la clef de la lame du tournevis, en tenant le levier dans la main gauche, et retirer le chien du cylindre ;

3° Saisir le ressort à boudin près du manchon avec le pouce et le premier doigt de la main gauche, appuyer la tête du chien contre la poitrine, faire effort pour ramener légèrement le ressort en arrière, enlever avec la main droite l'aiguille et son manchon ;

4° Séparer l'aiguille et le manchon ;

5° Le ressort à boudin ;

6° Le bouchon ;

7° Desserrer la vis-arrêtoir de la tête mobile, sans la retirer de son trou ;

8° La tête mobile et la rondelle de caoutchouc ;

9° Séparer la tête mobile de la rondelle de caoutchouc.

Remontage de la culasse mobile.

154. Le remontage s'opère dans un ordre inverse, en observant les recommandations suivantes :

Pour placer le manchon sur le porte-aiguille : tenir l'aiguille entre le pouce et l'index, en appuyant le doigt du milieu sur le manchon pour maintenir la tête de l'aiguille dans son logement, coiffer avec le manchon le T du porte-aiguille, en faisant légèrement effort sur le ressort à boudin.

Pour réunir le chien au cylindre : tenir le cylindre verticalement et par le levier avec la main gauche, engager avec précaution l'aiguille dans l'intérieur du cylindre, de manière à ne pas émousser la pointe, engager la pièce d'arrêt dans la rainure de départ, tenir la culasse mobile horizontalement dans la main gauche, prendre la clef avec la main droite et serrer le bouchon jusqu'à ce qu'il porte à fond sur le cylindre.

Pour replacer la culasse mobile dans la boîte : amener le chien dans la direction du renfort, introduire la culasse mobile dans la boîte, en appuyant sur la détente pour faire descendre la gâchette, rabattre le levier à droite, désarmer et serrer la vis-arrêtoir.

Règles générales à observer

155. Pour détacher le canon du bois, quand on a enlevé l'embouchoir, la grenadière et la vis de culasse, il faut renverser l'arme dans la main gauche, la sous-garde en dessus, la bouche du canon vers la terre, frapper avec la main droite sur la poignée jusqu'à ce que le canon soit dégagé de son canal, et le maintenir avec les doigts de la main gauche ; l'enlever tout à fait de la main droite.

Le soldat ne doit jamais frapper aucune pièce de ses armes avec la virole du manche du tournevis ou avec tout autre objet en fer, parce qu'il occasionnerait ainsi des mutilations.

Les pièces de la sous-garde ne sont démontées que sur l'ordre d'un sous-officier ou d'un officier : cet ordre ne doit être donné que lorsque le démontage est reconnu indispensable.

Il est absolument interdit de chercher à sépa-

rer le canon et la boîte de la culasse dans l'intérieur des compagnies, sous quelque prétexte que
ce soit.

Il est essentiel, en replaçant le ressort de gâchette sous le canon, de bien serrer à fond la vis
du ressort; en négligeant cette recommandation,
on court le risque de diminuer la saillie de la
gâchette sur le fond de la boîte de culasse et de
ne plus donner un arrêt suffisant au cran de la
noix.

En général, toutes les vis doivent être serrées
à fond.

La plaque de couche, les ressorts de garnitures
et le battant de crosse doivent toujours être nettoyés en place.

Il est interdit d'ôter les vis de plaque, les vis
de battant de crosse et la vis de croisière du
sabre-baïonnette.

Entretien de l'arme.

156. CANON. — Après le tir, lorsque le soldat lave son arme, il sépare le canon de la monture; après avoir fixé au bout fileté de la baguette
le lavoir, dans lequel il passe une bande de linge
de 3 centimètres environ de largeur, il plonge la
bouche du canon dans de l'eau contenue dans un
baquet en bois, si c'est possible, pour ne pas dégrader le canon; il lave l'âme en enfonçant le
lavoir par le tonnerre et en imprimant à la baguette un mouvement de va-et-vient; il change
l'eau jusqu'à ce que tous les résidus de poudre
soient enlevés. Il fait ensuite égoutter le canon.
la bouche en bas, il enlève le linge mouillé qu'il
remplace par un linge sec, et il essuie l'âme jusqu'à ce qu'il ne reste plus d'humidité. Il graisse

ensuite le canon intérieurement et extérieurement avec un morceau de drap imprégné de graisse.

CULASSE MOBILE. — La culasse mobile doit être l'objet des soins soutenus et attentifs du soldat et de la surveillance incessante des officiers et des sous-officiers.

Après le tir, le soldat démonte entièrement la culasse mobile ; le cylindre est lavé à l'eau, puis essuyé et graissé convenablement à l'intérieur et à l'extérieur ; l'aiguille, le manchon, le ressort à boudin, le bouchon et le chien sont soigneusement essuyés, puis graissés. La rondelle de caoutchouc ne doit jamais être graissée ni huilée ; elle est essuyée avec un linge sec, sans jamais être grattée avec l'ongle ou un instrument quelconque. On évite autant que possible de laver la tête mobile, à cause de la difficulté de l'essuyer convenablement à l'intérieur ; le soldat se borne à y introduire, à l'aide de la spatule, une ou deux gouttes d'huile par l'orifice antérieur. Les filets du bouchon sont graissés avant de remettre en place cette pièce.

MONTURE. — Essuyer la monture avec un linge sec, et, au besoin, la frotter avec un morceau de drap imbibé d'huile.

PIÈCES EN FER ET EN ACIER NON ROUILLÉES. — Les frotter avec un linge sec, puis les passer à la pièce grasse.

PIÈCES ROUILLÉES. — Si les pièces sont légèrement rouillées, les frotter avec un linge couvert de brique brûlée, pulvérisée, tamisée et délayée dans de la graisse. Si les pièces sont fortement rouillées, employer l'émeri préparé comme la brique, et frotter avec des curettes de bois tendre ou avec une brosse rude. Essuyer ensuite les pièces avec un linge sec et ne jamais laisser ni émeri, ni brique, ni aucune autre substance dans les trous des vis ou dans les encastrements. Quand on frotte le canon ou la lame du sabre, les poser à plat sur une table ou sur un banc, afin de ne point les fausser. Finir par le graissage des pièces.

PIÈCES EN CUIVRE. — La poignée de la baïonnette se nettoie avec du tripoli ou de la brique pilée et un peu de vinaigre ou d'eau-de-vie, en frottant avec un linge ou un morceau de drap.

Accessoires.

157. LE NÉCESSAIRE D'ARMES se compose de sept pièces, savoir :

1° LA BOÎTE, dans laquelle on remarque le fond percé d'une fente pour la lame du tournevis ;

2° L'HUILIER, comprenant : le vase à l'huile, la vis-bouchon et la rondelle en cuir ;

3° La lame du tournevis ;

4° La clef ;

5° La trousse en drap présentant un compartiment pour la lame du tournevis et un deuxième pour la clef ;

6° La spatule-curette ;

7° Le lavoir.

Le soldat doit avoir en outre :

Pièces de rechange :	Un ressort à boudin	dans un étui en fer-blanc ;
	Deux aiguilles	
	Une tête mobile,	
	Une rondelle de caoutchouc.	

De la graisse		dans une boîte de fer-blanc.
Une pièce grasse en drap		
Une brosse douce à graisser		

Quelques morceaux de vieux linge ;
Des curettes de bois tendre.

Chaque soldat est pourvu d'un nécessaire d'armes. Le chef d'escouade possède, en outre, une grande curette en acier.

Observations.

158. Le poli brillant pour les pièces en fer et en acier est expressément défendu ; les pièces, légèrement onctueuses, doivent être d'un blanc mat.

Les pièces en cuivre ne doivent jamais être graissées.

On a soin de mettre une goutte d'huile à toutes les pièces qui éprouvent un frottement.

Dans les chambres, les armes sont toujours déchargées et à l'abattu.

Le chien doit toujours être au cran de sûreté quand l'arme est chargée et que l'on ne veut pas tirer immédiatement.

Le chien est mis au cran de sûreté pour tous les exercices.

Quand une arme n'est pas en service, on doit enlever la rondelle de caoutchouc. Cette précaution a pour but de prévenir l'oxydation du métal qui résulterait du contact du caoutchouc et de la boîte de culasse par des temps ou dans des lieux humides.

Inspection des armes.

159. Avant chaque tir et en général toutes les fois que la troupe prend les armes, les sous-officiers de section doivent s'assurer que les armes sont en parfait état et que le mécanisme de la culasse fonctionne bien.

Leur attention se porte particulièrement :

1° Sur la vis-bouchon, qui doit être serrée à fond;

2° Sur l'aiguille, qui ne doit être ni faussée, ni émoussée, et qui doit avoir la saillie réglementaire. Cette saillie, le chien étant à l'abattu, doit être de 9 millimètres, mais ne peut pas être au-dessous de 8 millimètres ;

3° Sur la tête mobile, qui ne doit pas être ébréchée, et dont le jeu ne doit pas être entravé par une pression trop forte de la vis-arrêtoir ;

4° Sur la rondelle de caoutchouc, qui doit être dans un état de conservation suffisant pour fermer toute issue aux gaz;

5° Sur la chambre de l'étui à poudre, qui doit être essuyée avec un linge sec, parce que, si elle était onctueuse, on pourrait avoir des ratés de premier coup ;

6° Sur l'âme, dans laquelle on fait passer la baguette pour s'assurer qu'il n'y reste ni chiffons, ni corps étrangers, qui occasionneraient probablement des éclatements ;

7° Sur le ressort à boudin, qui peut être trop faible ; le ressort placé sur la tige porte-aiguille et reposant sur le bouchon fileté, a une élasticité convenable lorsqu'il dépasse la tête de la tige de deux ou trois spires ;

8° Sur la tige porte-aiguille ; si l'on constate que la tranche de cette tige fait saillie sur la tranche du chien, cela provient de ce que la goupille de la noix est cassée ou faussée. Il s'ensuit que l'aiguille peut faire saillie pendant la charge et amener le départ accidentel du coup. Dans ce cas, l'arme doit être réparée immédiatement.

Après chaque tir, on s'assure qu'aucune arme

n'est chargée, et l'on examine spécialement les armes qui n'ont pas fonctionné régulièrement.

Quand il y a ballottement de la tige porte-aiguille dans le chien, la culasse mobile doit être réparée.

Quand un fusil donne, au bout de quelques coups, un encrassement notable dans l'intérieur du cylindre, on fait vérifier par le chef armurier les dimensions du trou du passage de l'aiguille et du trou du grain ; ces pièces sont changées, s'il en est besoin.

En règle générale, un fusil signalé comme défectueux dans le tir doit être soumis à l'examen du commandant de la compagnie et envoyé, le cas échéant, chez le chef armurier.

FUSIL MODÈLE 1874.

Démontage et remontage de l'arme (1).

152 *bis.* Ordre suivant lequel s'opère le démontage :

1° La baïonnette ;

2° La bretelle ;

3° La baguette ; pour la dévisser, engager, si cela est nécessaire, la lame du tournevis dans la fente de la baguette, éviter de toucher le canon avec l'extrémité de la lame du tournevis ;

4° La vis-arrêtoir du cylindre, qui ne doit être desserrée que de trois filets ;

5° La culasse mobile ; il faut presser sur la dé-

---

(1) Tous les numéros affectés du signe *bis* sont relatifs au fusil modèle 1874.

Cette règle est générale.

tente quand on retire la culasse mobile de la
boîte ; la culasse mobile doit être retirée avec
précaution et la gâchette suffisamment abaissée
pour ne pas être rencontrée par la tête mobile;
    6° La vis de culasse ;
    7° L'embouchoir ;
    8° La grenadière ;
    9° Le canon, sur lequel on remarque le guidon
servant à viser et son embase, le petit tenon, le
grand tenon et la directrice servant à fixer la
baïonnette ; la hausse, qui comprend le pied, la
planche mobile qui porte les crans de mire de
200, 300, 350 et 1,300 mètres, et qui est graduée
sur le côté gauche de 25 en 25 mètres pour les
distances de 400 à 1,200 mètres, sur le côté droit
pour les distances de 1,400 à 1,800 mètres ; le
curseur à rallonge, qui porte le cran de mire du
curseur servant pour les distances de 400 à
1,200 mètres, et le cran de mire supérieur de la
rallonge servant pour les distances de 1,400 à
1,800 mètres.

De plus, dans les circonstances exceptionnelles
et sur l'ordre d'un sous-officier ou d'un officier :
    10° Les vis de ressort-gâchette ;
    11° Le ressort-gâchette, la détente ; ces deux
pièces ne doivent jamais être séparées ;
    12° Les deux vis de sous-garde ; la vis posté-
rieure est marquée d'un coup de pointeau ;
    13° Le pontet ;
    14° La pièce de détente.

Le remontage s'opère en ordre inverse du démontage. Avoir soin de mettre à fond les vis de
ressort-gâchette.

Les pièces non indiquées dans cette nomenclature ne doivent jamais être démontées par le
soldat ; elles sont nettoyées en place.

Ordre à suivre pour démonter la culasse mobile.

153 *bis.* 1° Mettre le chien à l'abattu ;

2° Enlever la tête mobile ;

3° Presser avec le pouce sur la griffe de l'extracteur, en tirant à soi, pour faire sortir le pivot de son trou ; dégager l'extracteur. En cas de difficulté seulement, appuyer la lame du tournevis contre la griffe de l'extracteur et presser sur le fond de l'entaille pour faire sortir le pivot de son trou ;

4° Amener la fente de repère du manchon exactement dans le prolongement de la fente de repère du chien. Maintenir le fusil verticalement, le pontet en avant, la monture serrée entre les deux jambes, le canon appuyé contre le corps. Embrasser la culasse mobile avec la main gauche, le premier doigt dans la gorge du chien, le petit doigt sur le levier ; placer la pointe du percuteur dans le trou de la tête de baguette, le levier à droite. Embrasser la main gauche avec la main droite prenant appui sur le levier.

Faire effort des deux mains pour comprimer le ressort à boudin. Aussitôt que le manchon se trouve complétement en dehors du chien, dégager le manchon du T, laisser le ressort se détendre librement.

5° Séparer le chien, le percuteur et le ressort.

Observations.

Avant de presser sur le ressort, s'assurer que les deux fentes de repère sont bien dans le prolongement l'une de l'autre.

En cas de désaccord entre les fentes de repère,

tourner convenablement, en même temps que l'on comprime le ressort, le manchon avec la main droite jusqu'à ce qu'il commence à se dégager du chien.

On peut, au lieu d'appuyer la pointe du percuteur sur la tête de baguette, l'appuyer sur un morceau de bois dur; mais on ne doit jamais se servir d'une pierre ou de tout autre corps dur susceptible de dégrader la pointe du percuteur.

Remontage de la culasse mobile.

154 *bis.* Le remontage s'opère dans un ordre inverse, en observant les recommandations suivantes.

Assembler le cylindre, le ressort à boudin, le percuteur et le chien, la tranche antérieure du chien en contact avec la tranche postérieure du cylindre.

Maintenir le fusil verticalement, le pontet en avant, la monture serrée entre les deux jambes, le canon appuyé contre le corps. Placer la pointe du percuteur dans le trou de la tête de baguette (1), le levier à droite, la main gauche embrassant la culasse mobile, le premier doigt dans la gorge du chien, le petit doigt sur le levier; prendre le manchon entre le pouce et l'index de la main droite; faire effort des deux mains pour comprimer le ressort à boudin, la main droite prenant appui sur la main gauche et le levier. Dès que le T du percuteur se trouve en dehors du chien, engager le manchon dans le T, faire tourner le manchon pour l'amener en face de son

______

(1) On peut aussi appuyer la pointe du percuteur sur un morceau de bois dur.

entrée dans le chien et laisser celui-ci remonter lentement.

Introduire l'extracteur dans le logement de la tête mobile, le pivot du côté de son trou. Tenir la tête mobile entre le pouce et les deux premiers doigts de la main droite, le second doigt appuyant sur le plan incliné de la branche supérieure de l'extracteur pour le maintenir à fond dans son logement. Enfoncer le collet de la tête mobile dans le cylindre ; tourner la tête mobile pour amener son renfort dans le prolongement du renfort du chien.

Pour replacer la culasse mobile dans la boîte, mettre le chien au cran de l'armé ; amener, si cela est nécessaire, le renfort de la tête mobile dans le prolongement des renforts du cylindre et du chien ; introduire la culasse mobile dans la boîte en appuyant sur la détente pour faire descendre la gâchette, rabattre le levier à droite, mettre le chien à l'abattu et serrer la vis-arrêtoir.

Règles générales à observer.

155 *bis.* Pour détacher le canon du bois, quand on a enlevé la vis de culasse, l'embouchoir et la grenadière, il faut renverser l'arme dans la main gauche, la sous-garde en dessus, la bouche du canon vers la terre, frapper avec la main droite sur la poignée jusqu'à ce que le canon soit dégagé de son logement, et le maintenir avec les doigts de la main gauche ; enlever le bois de la main droite.

Dans le démontage et le remontage des boucles, éviter avec soin les frottements qui pourraient enlever le bronzage du canon.

Le soldat ne doit jamais frapper aucune pièce

de ses armes avec la virole du manche de tournevis ou avec tout autre objet en fer, parce qu'il
occasionnerait ainsi des mutilations.

Le ressort-gâchette et la sous-garde ne sont dé-
montés que sur l'ordre d'un officier ou d'un sous-
officier ; cet ordre n'est donné que lorsque le
nettoyage de la gâchette ou celui du taquet-écrou
est reconnu indispensable.

Il est essentiel, en replaçant le ressort de gâchette sous le canon, de bien serrer à fond les
deux vis de ressort ; en négligeant cette recommandation, on court le risque de diminuer la
saillie de la gâchette sur le fond de la boîte de
culasse et de ne plus donner un arrêt suffisant
au chien.

Il est essentiel de bien serrer à fond la vis de
culasse afin d'éviter les dégradations à la monture qui pourraient se produire pendant le tir ;
en général, toutes les vis doivent être serrées à
fond.

Il est absolument interdit de chercher à séparer le canon et la boîte de culasse dans l'intérieur des compagnies, sous quelque prétexte que
ce soit.

La plaque de couche, le battant de crosse, la
hausse, l'éjecteur, les ressorts de garnitures doivent toujours être nettoyés en place.

Il est interdit d'ôter les vis de plaque, les vis
de battant de crosse, la goupille de détente, les
vis et la goupille de hausse.

Entretien de l'arme.

156 *bis*. CANON. — Après le tir, lorsque le
soldat lave son arme, il sépare le canon de la
monture ; après avoir fixé au bout fileté de la

baguette le lavoir, dans lequel il passe une bande
de linge de 3 centimètres environ de largeur, il
plonge la bouche du canon dans de l'eau contenue dans un baquet en bois, si c'est possible,
pour ne pas dégrader le canon ; il lave l'arme en
enfonçant le lavoir par le tonnerre et en imprimant à la baguette un mouvement de va-et-vient ;
il change l'eau jusqu'à ce que tous les résidus de
poudre soient enlevés. Il fait ensuite égoutter le
canon, la bouche en bas ; il enlève le linge
mouillé qu'il remplace par un linge sec, et il essuie l'âme jusqu'à ce qu'il ne reste plus d'humidité. Il graisse ensuite le canon intérieurement et
extérieurement avec un morceau de drap imprégné de graisse ; il met une goutte d'huile à la
charnière de la hausse, à la goupille de détente
et à la tête de gâchette, à toutes les pièces qui
éprouvent des frottements.

On prendra les précautions suivantes :

Lorsqu'on introduit le lavoir dans le canon par
le tonnerre, éviter avec le plus grand soin de toucher les bords du chanfrein, et particulièrement
ceux de l'aminci de l'entrée de la chambre ; en
négligeant cette précaution, on occasionnerait à
l'entrée de la chambre des bavures qui nuiraient
à la facilité du chargement et au retrait des étuis
après le tir.

Le logement de l'extracteur dans le canon et
dans la boîte de culasse doit être nettoyé avec
soin, afin d'assurer le fonctionnement régulier de
l'extracteur.

Il faut éviter que l'eau atteigne la hausse, à
cause de la difficulté de l'essuyer convenablement
à l'intérieur ; pour nettoyer la hausse, enlever la
vieille graisse avec un linge et des curettes.

Il est interdit, pour nettoyer le ressort-gâchette,

d'amener par une pression sur la détente, ou par tout autre moyen, la tête de gâchette à sortir de son logement ou à venir s'appuyer sur la paroi inférieure de la boîte. On doit, pour nettoyer le ressort-gâchette, démonter les vis et enlever le ressort du canon; cette opération ne doit être faite que rarement.

CULASSE MOBILE. — La culasse mobile doit être l'objet des soins soutenus et attentifs du soldat, et la surveillance incessante des officiers et des sous-officiers.

Après le tir, le soldat démonte entièrement la culasse mobile. La tête mobile et le cylindre ne sont lavés à l'eau que dans le cas où des crachements accidentels auraient rendu cette opération indispensable. Essuyer complétement ces pièces intérieurement et extérieurement avec un linge sec jusqu'à ce qu'il ne reste plus trace d'humidité. Nettoyer les logements de la tête mobile et du cylindre avec des curettes en bois, ou, s'il est nécessaire, avec la spatule-curette; graisser légèrement ensuite les parties extérieures et postérieures de la culasse mobile; mettre de l'huile aux pièces qui éprouvent des frottements, notamment à la griffe et au plan incliné de la branche inférieure de l'extracteur, au canal intérieur de la tête mobile, aux rampes du cylindre et du chien, et au cran du chien.

Quand la culasse mobile est entièrement remontée, mettre une goutte d'huile à la rampe de la boîte de culasse et faire marcher le mécanisme.

MONTURE. — Essuyer la monture avec un linge sec, au besoin enlever la rouille qui s'est attachée au logement des pièces en fer ou en acier, en la frottant avec un linge imbibé d'huile.

PIÈCES EN FER OU EN ACIER NON ROUILLÉES. — Les frotter avec un linge sec.

PIÈCES NON BRONZÉES ROUILLÉES. — Si les pièces sont légèrement rouillées, les frotter avec un linge couvert de brique brûlée, pulvérisée, tamisée et délayée dans de la graisse. Si les pièces sont fortement rouillées, employer l'émeri préparé comme de la brique, et frotter avec des curettes en bois tendre ou avec une brosse rude. Essuyer ensuite les pièces avec un linge sec, et ne jamais laisser ni émeri, ni brique, ni aucune autre substance dans les trous de vis ou les encastrements.

PIÈCES BRONZÉES ROUILLÉES. — Les frotter avec un linge ou un morceau de drap imbibé d'huile ou de graisse. Les pièces bronzées non graissées ne sont pas complétement à l'abri de l'oxydation, mais en général les taches de rouille pourront être enlevées en essuyant les pièces avec un linge.

Si ce moyen est insuffisant, les pièces seront portées chez le chef armurier, qui enlèvera les taches avec une brosse de fil de fer. Il est interdit au soldat d'employer une autre substance que le linge ou le drap pour le nettoyage des pièces bronzées.

Quand on frotte le canon, la baguette, la lame ou le fourreau de la baïonnette, les branches de l'extracteur et le percuteur, les poser à plat sur une table ou sur un banc afin de ne point les fausser.

PIÈCES EN CUIVRE. — Les pièces en cuivre se nettoient avec du tripoli ou de la brique pilée et un peu de vinaigre ou d'eau-de-vie ; frotter avec un linge ou un morceau de drap et jamais avec une brosse ou une curette.

Le poli brillant pour les pièces en fer ou en acier est expressément interdit.

L'emploi du grès pour le nettoyage des pièces, quelles qu'elles soient, est formellement interdit; il amènerait la diminution des diverses dimensions des pièces.

Accessoires.

157 *bis.* Chaque soldat doit être pourvu d'un jeu d'accessoires.

Le jeu d'accessoires comprend : un nécessaire d'armes et un lavoir en laiton.

Le nécessaire d'armes se compose de cinq pièces, savoir :

1° La boîte, dans laquelle on remarque le fond percé d'une fente pour la lame du tournevis ;

2° L'huilier, comprenant le vase à l'huile, la vis-bouchon et la rondelle de cuivre ;

3° La lame du tournevis ;

4° La spatule-curette ;

5° La trousse en drap présentant un compartiment pour la lame du tournevis.

Le soldat doit avoir en outre :

De la graisse. . . . . }	dans une boîte
Une pièce grasse en drap . . . . . }	de
Une brosse douce à graisser . . . . }	fer-blanc ;

Quelques morceaux de vieux linge ;

Des curettes en bois tendre ;

Un bouchon pour la bouche du canon.

Observations.

158 *bis*. Les pièces en fer et en acier sont passées à la pièce grasse de manière à être légèrement onctueuses; cette onctuosité se distingue par le blanc mat qu'elle donne au métal. Pour les pièces bronzées, la bonne huile d'olive est le meilleur préservatif contre l'oxydation; il suffit cependant de les graisser légèrement pour les mettre complétement à l'abri de la rouille.

On doit mettre une goutte d'huile à toutes les pièces qui éprouvent un frottement, de manière à éviter l'usure prématurée des pièces.

Les pièces en cuivre ne doivent jamais être graissées.

L'arme est toujours au cran de sûreté, qu'elle soit chargée ou non. La position de l'arme au cran de sûreté soulage le ressort-gâchette sans fatiguer sensiblement le ressort à boudin.

Pour mettre le chien au cran de sûreté en partant de la position de l'abattu, il suffit d'arrêter le mouvement du levier à l'instant où l'on entend la gâchette tomber dans le cran de sûreté.

Dans les chambres, les fusils sont au râtelier, toujours déchargés, le bouchon à la bouche du canon et le chien au cran de sûreté.

Dans les marches, le bouchon est à la bouche du canon; on doit avoir grand soin de le faire enlever au moment du tir.

Inspection des armes.

159 *bis*. Avant chaque tir, et en général toutes les fois que la troupe prend les armes, les sous-officiers de section doivent s'assurer que les armes sont en parfait état et que le mécanisme de la culasse mobile fonctionne bien. ·

Leur attention portera particulièrement :

1° Sur la baguette; elle doit être engagée dans le taquet-écrou de la sous-garde de cinq filets au moins, afin de ne pas trop fatiguer les filets;

2° Sur l'âme; on s'assurera qu'il n'y reste ni chiffons ni corps étrangers;

3° Sur la chambre, qui doit être onctueuse au toucher et ne pas présenter des bavures à l'entrée;

4° Sur le logement de l'extracteur dans le canon; il doit être parfaitement propre;

5° Sur la vis-arrêtoir; elle doit être serrée à fond; l'extrémité de la tige ne doit pas frotter sur le fond de la rampe latérale;

6° Sur la rampe latérale du cylindre; son point de rencontre avec la vis-arrêtoir ne doit être ni bavuré ni refoulé, pour ne pas gêner la marche du cylindre dans la boîte de culasse;

7° Sur les rampes hélicoïdales du rempart, de la boîte, du cylindre et du chien; elles doivent toujours être bien graissées, afin d'éviter les grippements nuisibles à la facilité de la manœuvre;

8° Sur le percuteur; il doit avoir environ 2 millimètres de saillie hors de la tête mobile, quand le chien est à l'abattu;

9° Sur la marche du chien et de la gâchette.

On armera et l'on fera partir le chien plusieurs fois de suite afin de s'assurer que le percuteur joue librement dans son canal, que le ressort à boudin ne frotte pas, soit dans son logement, soit sur le percuteur; que la gâchette appelle franchement, et qu'il n'existe aucun frottement pouvant gêner le départ ou la manœuvre de l'arme.

Après le tir, on s'assure qu'aucune arme n'est chargée, et l'on examine spécialement les armes qui n'ont pas fonctionné régulièrement ; en règle générale, un fusil signalé défectueux doit être soumis à l'examen du commandant de la compagnie et envoyé, le cas échéant, chez le chef armurier.

ARTICLE II.

Maniement des armes.

160. L'exécution de chaque commandement ne forme qu'un temps, mais ce temps est divisé en mouvements, afin d'en mieux faire connaître le mécanisme aux soldats.

161. La vitesse de chacun des mouvements du maniement des armes, sauf les exceptions indiquées ci-après, est fixée à un quatre-vingt-dixième de minute ; mais, afin de ne pas fatiguer l'attention des soldats, on ne s'attache d'abord qu'à l'exécution des mouvements, sans exiger qu'ils s'occupent de la cadence, à laquelle on ne les astreint que progressivement et lorsqu'ils sont familiarisés avec le maniement de leur arme.

162. Les mouvements relatifs au placement et au déplacement de la baïonnette ne peuvent pas être exécutés avec la vitesse qui vient d'être prescrite, ni même avec une vitesse uniforme. Ils ne sont donc point soumis à cette cadence. L'instructeur s'attache à faire exécuter ces mouvements avec promptitude et surtout avec régularité.

163. La dernière syllabe du commandement décide l'exécution brusque et vive du premier mouvement de chaque temps, les commandements de *Deux* et de *Trois* décident celle des autres mouvements. Dès que le soldat connaît la position des divers mouvements d'un temps, on lui montre à l'exécuter sans s'arrêter sur ces mouvements, mais il en observe le mécanisme, afin d'assurer l'arme et d'éviter les inconvénients qui résultent de ce qu'on appelle *escamoter l'arme.*

Principes du port d'arme.

164. Le soldat étant placé comme il est expliqué dans le premier article du premier chapitre, l'instructeur lui fait ployer légèrement le bras droit et place l'arme de la manière suivante :

165. L'arme dans le bras droit et au défaut de l'épaule, le canon en arrière et d'aplomb, le bras droit presque allongé, la main droite embrassant le chien et la sous-garde, le pouce au-dessus de la sous-garde, le premier doigt dessous, le petit doigt au-dessus de la crête du chien, les autres au-dessous ; la crosse à plat le long de la cuisse droite, le bras gauche pendant naturellement, comme il est prescrit dans le premier article du premier chapitre.

166. Le maniement des armes est montré dans la progression suivante.
L'instructeur commande :

Présentez

ARME.

Un temps et deux mouvements.

Premier mouvement.

167. Porter l'arme avec la main droite d'aplomb vis-à-vis le milieu du corps, la baguette en avant; empoigner en même temps brusquement l'arme avec la main gauche à hauteur de la hausse, le pouce allongé le long du canon contre la monture, l'avant-bras collé au corps sans être gêné, la main à hauteur du coude.

Second mouvement.

168. Empoigner l'arme avec la main droite au-dessous et contre la sous-garde.

Portez
ARME.
Un temps et deux mouvements.

Premier mouvement.

169. Tourner la main droite pour embrasser le chien et la sous-garde; porter l'arme avec cette main d'aplomb contre l'épaule droite, glisser la main gauche à hauteur de l'épaule, les doigts ouverts et joints, le bras droit presque allongé.

Second mouvement.

170. Laisser tomber vivement la main gauche dans le rang.

Reposez
ARME.
Un temps et deux mouvements.

Premier mouvement.

171. Saisir brusquement l'arme avec la main gauche à hauteur de l'épaule, la détacher en même temps avec la main droite ; lâcher l'arme de cette main, la descendre de la main gauche, la ressaisir avec la main droite au-dessus de la grenadière, le petit doigt derrière le canon, l'arme d'aplomb, la main droite appuyée à la hanche, le talon de la crosse dirigé sur le côté de la pointe du pied droit, et laisser tomber vivement la main gauche dans le rang.

Second mouvement.

172. Poser la crosse à terre sans frapper, achever d'allonger le bras droit et prendre la position du soldat reposé sur l'arme ;

173. La main basse, le canon entre le pouce et le premier doigt allongé le long de la monture, les trois autres doigts allongés et joints, le bout du canon à environ 5 centimètres du bras droit, la baguette en avant, le talon de la crosse à côté et contre la pointe du pied droit, l'arme d'aplomb.

174. Pour faire reposer, l'instructeur commande :

Repos.

175. A ce commandement, les soldats passent la main droite étendue sur l'arme, qu'ils appuient contre le corps, et ne sont plus tenus de garder l'immobilité ni la position.

176. Pour faire reprendre l'immobilité, l'instructeur commande :

GARDE A VOUS.

177. A ce commandement, les hommes reprennent la position du soldat reposé sur l'arme.

Portez
ARME.

Un temps et deux mouvements.

Premier mouvement.

178. Elever l'arme verticalement avec la main droite, à hauteur du teton droit, vis-à-vis l'épaule, à 5 centimètres du corps, le coude droit y restant joint; saisir l'arme de la main gauche, au-dessous de la main droite, et descendre aussitôt la main droite pour embrasser le chien et la sous-garde, en appuyant l'arme à l'épaule, le bras droit presque allongé.

Second mouvement.

179. Laisser tomber vivement la main gauche dans le rang.

Baïonnette
(au can)ON.

Un temps et trois mouvements.

Premier mouvement.

180. Saisir brusquement l'arme avec la
main gauche, à hauteur de l'épaule, la détacher un peu avec la main droite.

Deuxième mouvement.

181. Lâcher l'arme de la main droite, la
descendre de la main gauche, vis-à-vis le
milieu du corps, la baguette en arrière, poser la crosse à terre entre les pieds, sans
frapper; le canon vertical, l'extrémité à
10 centimètres de la poitrine; saisir l'embouchoir avec la main droite, porter la main
gauche renversée à la poignée de la baïonnette.

Troisième mouvement.

182. Tirer la baïonnette, la fixer au bout
du canon, empoigner l'arme avec la main
gauche, le bras allongé, la main droite restant à l'embouchoir.

Portez

ARME.

Un temps et deux mouvements.

Premier mouvement.

183. Elever l'arme avec la main gauche,
la porter contre l'épaule droite la baguette
en avant; descendre en même temps la main

droite pour embrasser le chien et la sous-garde, le bras droit presque allongé.

Second mouvement.

184. Laisser tomber vivement la main gauche dans le rang.

185. Si les soldats sont reposés sur l'arme, l'instructeur peut aussi commander :

Baïonnette
*(au can)*ON.

Un temps et un mouvement.

186. Saisir brusquement l'arme avec la main gauche, au-dessous et près de l'embouchoir, apporter l'arme avec les deux mains vis-à-vis le milieu du corps, la baguette en arrière, la crosse entre les pieds, le canon vertical, l'extrémité à 10 centimètres de la poitrine ; porter la main gauche ernversée à la poignée de la baïonnette, la tirer du fourreau, la fixer au bout du canon, et reprendre la position du soldat reposé sur l'arme.

187. Les soldats étant au port d'arme, l'instructeur commande :

Croisez
*(la baïonn)*ETTE.

Un temps et deux mouvements.

Premier mouvement.

188. Elever l'arme avec la main droite, la saisir avec la main gauche au-dessous de la grenadière, le pouce par-dessus le canon, puis avec la main droite à la poignée, faire un demi-à-droite sur le talon gauche, porter en même temps le pied droit à 30 centimè-tres en arrière et à 25 centimètres sur la droite, la pointe du pied un peu rentrée.

Second mouvement.

189. Abattre l'arme avec les deux mains, le canon en dessus, le coude gauche au corps, la main droite appuyée contre la hanche, la pointe de la baïonnette à hauteur de l'œil.

Portez
ARME.

Un temps et deux mouvements.

Premier mouvement.

190. Redresser vivement l'arme avec la main gauche, en revenant face en avant, la placer contre l'épaule droite, la baguette en avant; tourner la main droite pour embras-ser le chien et la sous-garde, glisser la main gauche à hauteur de l'épaule, les doigts ou-verts et joints, le bras droit presque allongé.

Deuxième mouvement.

191. Laisser tomber vivement la main gauche dans le rang.

Remettez
*(la baïonn)*ETTE.

Un temps et trois mouvements.

Premier et deuxième mouvements.

192. Comme le premier et le deuxième mouvement de *baïonnette au canon*, excepté qu'à la fin du second mouvement, le pouce de la main droite se place sur le ressort de la baïonnette, et que la main gauche embrasse la poignée et le canon.

Troisième mouvement.

193. Faire effort du pouce de la main droite sur le ressort, enlever la baïonnette, la renverser à droite, la pointe en bas, descendre la croisière contre la main droite, qui saisit la lame avec le pouce et les deux premiers doigts allongés, les deux derniers contenant l'arme, retourner la main gauche sans quitter la poignée, mettre la baïonnette dans le fourreau et saisir l'arme avec la main gauche, le bras allongé.

Portez
ARME.

194. Comme il est prescrit (nᵒˢ 183 et 184).

195. Si les soldats sont reposés sur l'arme, pour remettre la baïonnette ils exécutent ce qui est prescrit pour mettre la baïonnette au canon (nº 186), excepté que le pouce de la main droite se place sur le ressort de la baïonnette et que la main gauche embrasse la poignée et le canon; ils remettent ensuite la baïonnette au fourreau comme il est prescrit (nº 193) et reprennent la position du soldat reposé sur l'arme.

L'arme sur l'épaule
DROITE.

Un temps et trois mouvements.

Premier mouvement.

196. Elever l'arme avec la main droite verticalement, vis-à-vis l'épaule, la baguette en avant; la saisir avec la main gauche à hauteur de la hausse; continuer de l'élever avec cette main, qui s'arrête à hauteur de l'épaule, en même temps que la main droite se place sur le plat de la crosse, le bec entre les deux premiers doigts, les autres sous la crosse.

Deuxième mouvement.

197. Placer l'arme sur l'épaule droite le levier en dessus, en la faisant glisser dans la main gauche.

Troisième mouvement.

198. Laisser tomber vivement la main gauche dans le rang.

Portez

ARME.

Un temps et trois mouvements.

Premier mouvement.

199. Redresser l'arme verticalement en allongeant vivement le bras droit de toute sa longueur, la baguette en avant, saisir en même temps l'arme avec la main gauche à hauteur de la hausse.

Deuxième mouvement.

200. Abandonner la crosse de la main droite, qui embrasse aussitôt le chien et la sous-garde; achever de descendre l'arme avec la main droite, glisser la main gauche à hauteur de l'épaule, les doigts ouverts et joints.

Troisième mouvement.

201. Laisser tomber vivement la main gauche dans le rang.

202. Les soldats étant reposés sur l'arme, l'instructeur leur fera mettre l'arme sur l'épaule droite par les commandements et les moyens prescrits pour exécuter ce mouvement lorsqu'ils sont au port d'arme.

Reposez
ARME.

Un temps et trois mouvements.

Premier mouvement.

203. Comme il est prescrit (n° 199).

Deuxième mouvement.

204. Lâcher la crosse de la main droite; descendre l'arme avec la main gauche le long et près du corps, la saisir au-dessus de la grenadière avec la main droite, qui est appuyée à la hanche, et laisser tomber vivement la main gauche dans le rang.

Troisième mouvement.

205. Comme il est prescrit (n° 172).

L'arme
A VOLONTÉ.

Un temps et un mouvement.

206. Porter l'arme indifféremment sur l'une ou l'autre épaule, l'extrémité du canon en l'air.

Portez
ARME.

207. Reprendre la position du port d'arme.

Port de l'arme à la bretelle.

L'arme

À LA BRETELLE.

208. Suspendre l'arme par la bretelle à l'épaule droite et la maintenir verticale avec la main droite, qui saisit l'extrémité de la bretelle près du battant de crosse, le canon en arrière.

209. Ce port de l'arme à la bretelle, avec la main basse et le canon vertical, est la position régulière que l'on pourra employer dans les exercices, lorsqu'on prendra le pas de route.

Lorsqu'on s'en servira dans les manœuvres en terrain varié, les soldats ne seront plus astreints à avoir la main basse et l'arme verticale; il suffira de maintenir le bout du canon en l'air.

210. Les soldats étant sur deux rangs, reposés sur l'arme et ayant la baïonnette au canon, l'instructeur commande :

Formez

(*les fais*)CEAUX.

211. L'homme du premier rang de chaque file paire passe son arme devant lui, la saisissant avec la main gauche au-dessous de l'embouchoir, et la place le talon de la crosse contre la pointe du pied droit de l'homme qui est à sa gauche, le canon tourné vers la droite.

L'homme du second rang de la file paire

passe son arme à son chef de file ; celui-ci
la saisit avec la main droite au-dessous de
l'embouchoir et porte la crosse à 85 centimètres environ en avant de l'alignement,
vis-à-vis son épaule droite, le canon face au
rang, mais obliquant un peu à droite ; il in-
cline vers lui le bout du canon et croise les
quillons des deux baïonnettes, celui de
l'homme du second rang en dessous.

L'homme du premier rang de la file impaire, saisissant son arme avec les deux
mains entre l'embouchoir et la grenadière,
embrasse avec son quillon ceux des armes
déjà placées, et laisse reposer la crosse entre
ses pieds.

Le faisceau formé, l'homme du second
rang de la file impaire passe son arme dans
la main gauche, le canon en avant, se fend
de la partie gauche et place son arme sur le
faisceau en l'inclinant.

212. Pour faire rompre les faisceaux, l'instructeur commande :

Rompez
*(les fais)*CEAUX.

213. L'homme du second rang de chaque file impaire retire son arme du faisceau.

L'homme du premier rang de la file paire
saisit son arme de la main gauche et celle
de l'homme du second rang de sa file de la
main droite, au-dessous de l'embouchoir.

L'homme du premier rang de la file impaire saisit son arme de la main gauche, également au-dessous de l'embouchoir; ces deux hommes soulèvent le faisceau pour le rompre.

L'homme du second rang de la file paire reprend son arme des mains de son chef de file, et les quatre hommes prennent la position du soldat reposé sur l'arme.

Il est interdit de former les faisceaux avec les baguettes, qui ne sont pas assez résistantes pour supporter l'effort qui en résulte.

Observations.

214. Lorsque les hommes sont affirmis dans la position du port d'arme et dans le maniement des armes, on leur fait reprendre et exécuter avec l'arme les cinq derniers articles du premier chapitre.

Lorsque les soldats ont l'arme, les à-droite, les à-gauche, le demi-tour et les alignements s'exécutent soit au port d'arme, soit l'arme au pied. Dans ce dernier cas, les soldats soulèvent légèrement leur arme avec la main droite; dans les alignements, ils la reposent à terre au commandement de *Fixe*.

Les marches, les changements de direction et les mouvements de l'article VI du premier chapitre sont exécutés soit au port d'arme, soit l'arme sur l'épaule droite.

Dans la marche au pas gymnastique, les soldats mettent d'eux-mêmes l'arme sur l'épaule droite, au commandement de *Pas gymnastique*.

Toutes les fois qu'au commandement de *Halte,*

les hommes ont l'arme sur l'épaule droite, ils
portent l'arme en s'arrêtant.

ARTICLE III.

**Charge en cinq temps, — en quatre temps
(fusil modèle 1874)—et à volonté.**

Charge en cinq temps.

215. Les soldats étant au port d'arme ou reposés sur l'arme, l'instructeur commande :

Charge en cinq temps.
Chargez
ARME.

Un temps et deux mouvements.

Premier mouvement.

216. Elever l'arme avec la main droite,
la saisir avec la main gauche, le pouce sur
la hausse, puis à la poignée avec la main
droite, la main gauche à hauteur du coude;
faire un demi-à-droite sur le talon gauche :
porter en même temps le pied droit à
30 centimètres en arrière et à 25 centimètres sur la droite, la pointe du pied un
peu rentrée.

Second mouvement.

217. Abattre l'arme avec les deux mains,
le pouce de la main gauche allongé le long

du bois, l'extrémité des autres doigts ne
dépassant que légèrement les bords de la
monture, sans toucher le canon; la crosse
sous l'avant-bras droit, la poignée de l'arme
contre le corps, à environ 10 centimètres au-
dessous du teton droit, le bout du canon à
hauteur de l'épaule; placer le pouce de la
main droite sur la crête du chien, les autres
doigts en arrière et contre la sous-garde, le
coude légèrement élevé.

Armez.

Un temps et un mouvement.

218. Armer en faisant sonner distinctement la gâchette; saisir le levier avec la
main droite, les ongles en dessus.

Ouvrez
(*le tonn*)erre.

Un temps et un mouvement.

219. Tourner le levier de droite à
gauche, le ramener en arrière sans brusquerie; porter la main à la giberne et saisir
la cartouche par l'étui à poudre.

Cartouche
(*dans le canon*).

Un temps et un mouvement.

220. Porter la cartouche dans l'échancrure, la balle en avant; l'introduire dans la
chambre en l'accompagnant avec le pouce;

placer le premier doigt sur le dard de la
tête mobile pour s'assurer que l'aiguille ne
sort pas; saisir le levier de la main droite,
es ongles tournés vers le corps.

Fermez
(*le tonn*)ERRE.

Un temps et un mouvement.

221. Pousser fortement la culasse mobile pour achever d'introduire la cartouche
dans la chambre, rabattre le levier à droite;
saisir l'arme à la poignée avec la main
droite, le premier doigt allongé le long du
pontet.

222. Les armes étant chargées, l'instructeur
commande :

Portez
ARME.

Un temps et un mouvement.

223. Au commandement de *Portez*, dé-
armer; à cet effet, fixer les yeux sur la
boîte; saisir le levier avec la main droite, le
tourner pour amener le cran de sûreté au
milieu de la fente supérieure de la boîte;
placer le pouce en travers sur le chien, le
premier doigt en avant de la détente, les
autres en arrière et contre la sous-garde;
presser sur la détente pour dégager la noix;
conduire le chien au cran de sûreté et saisir
l'arme à la poignée avec la main droite; au

commandemant de *Arme*, redresser vivement l'arme et prendre la position du port
d'arme.

Charge en quatre temps.

215 *bis*. Les soldats étant au port d'arme ou
reposés sur l'arme, l'instructeur commande :

Charge en quatre temps.
Chargez
ARME.

Un temps et deux mouvements.

Premier mouvement.

216 *bis*. Elever l'arme avec la main
droite, la saisir avec la main gauche, le
pouce sur la hausse, puis à la poignée avec
la main droite, la main gauche à hauteur
du coude ; faire un demi-à-droite sur le
talon gauche, porter en même temps le pied
droit à 30 centimètres en arrière et à 25 centimètres sur la droite, la pointe du pied un
peu rentrée.

Second mouvement.

217 *bis*. Abattre l'arme avec les deux
mains, le pouce de la main gauche allongé
le long du bois, l'extrémité des autres doigts
ne dépassant que légèrement les bords de la
monture sans toucher le canon ; la crosse
sous l'avant-bras droit, la poignée de l'arme

contre le corps, à environ 10 centimètres au-dessous du teton droit, le bout du canon à hauteur de l'épaule; saisir le levier avec la main droite, les ongles en dessus.

Ouvrez
(*le tonn*)ERRE.

Un temps et un mouvement.

219 *bis*. Armer en tournant le levier de droite à gauche, le ramener en arrière sans brusquerie; porter la main à la giberne et saisir la cartouche par l'étui à poudre.

Cartouche
(*dans le can*)ON.

Un temps et un mouvement.

220 *bis*. Porter la cartouche dans l'échancrure, la balle en avant; l'introduire dans la chambre en l'accompagnant avec le pouce; saisir le levier de la main droite, les ongles tournés vers le corps.

Fermez
(*le tonn*)ERRE.

Un temps et un mouvement.

221 *bis*. Pousser doucement la culasse mobile; rabattre vivement et complétement le levier à droite; saisir l'arme à la poignée avec la main droite, le premier doigt allongé le long du pontet.

222 *bis.* Les armes étant chargées, l'instructeur commande :

Portez

ARME.

Un temps et un mouvement.

223 *bis.* Au commandement de *Portez*,
désarmer ; à cet effet, fixer les yeux sur la
boîte ; saisir le levier avec la main droite, le
tourner pour l'amener en face du pan inter-
médiaire droit de la boîte ; tenir l'arme soli-
dement avec la main droite à la poignée ;
placer la main gauche sous la boîte de culasse, les doigts dans l'échancrure, pour empêcher le levier de se rabattre ; placer le
pouce en travers sur le chien, le premier
doigt en avant de la détente, les autres en
arrière et contre la sous-garde ; presser sur
la détente, conduire avec précaution le chien
au cran de sûreté en le retenant avec le
pouce, et saisir l'arme à la poignée avec la
main droite et à hauteur de la hausse avec
la main gauche ; au commandement de *Arme,*
redresser vivement l'arme et prendre la position du port d'arme.

Charge à volonté.

224. La charge à volonté s'exécute
comme la charge en cinq temps, sans s'arrêter sur aucun temps.

224 *bis.* La charge à volonté s'exécute

comme la charge en quatre temps, sans s'arrêter sur aucun temps.

225. Les soldats étant au port d'arme ou
reposés sur l'arme, l'instructeur commande :

> *Charge à volonté.*
> *Chargez.*
> Arme.

226. Les armes étant chargées, l'instructeur
commande :

> *Portez*
> Arme.

7. Comme il est prescrit (n° 223).

227 *bis*. Comme il est prescrit (n° 223 *bis*).

Observations.

228. Lorsque la charge est exécutée sur deux
rangs, les soldats du second rang appuient de 15
centimètres à droite, au commandement de *Charge
en cinq temps* ou de *Charge à volonté*, qu'ils soient
au port d'arme ou reposés sur l'arme. Ils se replacent à leurs chefs de file après l'exécution du
mouvement de *Portez arme*.

228 *bis*. Lorsque la charge est exécutée sur
deux rangs, les soldats du second rang appuient
de 15 centimètres à droite, au commandement de
Charge en quatre temps ou de *Charge à volonté*,
qu'ils soient au port d'arme ou reposés sur l'arme.
Ils se replacent à leurs chefs de file après l'exécution du mouvement de *Portez arme*.

229. Autant que possible, les armes ne doivent être chargées qu'au moment où l'on veut faire feu.

Déchargement de l'arme.

230. Ouvrir le tonnerre, s'assurer que l'aiguille n'est pas sortie; poser la crosse à terre entre les pieds, l'arme un peu inclinée en avant; tirer la baguette, l'introduire dans le canon, la laisser tomber sur la cartouche en ouvrant la main pour éviter toute chance d'accident; remettre la baguette.

230 *bis*. Faire glisser la main gauche le long du bois; ouvrir le tonnerre sans brusquer le mouvement; placer le pouce de la main gauche au-dessus de l'échancrure de la boîte de culasse pour empêcher la cartouche de tomber à terre; prendre la cartouche avec la main droite et la remettre dans la giberne.

Opérer de la même manière pour empêcher un étui vide d'être projeté à l'extérieur lorsqu'on ouvre le tonnerre.

Dans les cas exceptionnels, lorsqu'il sera nécessaire de recourir à la baguette, ouvrir le tonnerre, s'assurer que le percuteur ne fait pas saillie sur la tête mobile, poser la crosse à terre entre les pieds, l'arme un peu inclinée en avant; tirer la baguette, l'introduire dans le canon, la laisser tomber sur la cartouche en ouvrant la main, pour éviter toute chance d'accident; remettre la baguette.

Positions du tireur.

Position du tireur debout.

231. Les armes étant chargées et les soldats

au port d'arme ou reposés sur l'arme, l'instructeur commande :

Position du tireur debout.
Apprêtez
ARME.

Un temps et trois mouvements.

Premier et deuxième mouvements.

232. Comme les deux mouvements du premier temps de la charge.

Troisième mouvement.

233. Armer, rabattre le levier à droite, saisir l'arme à la poignée avec la main droite, le premier doigt allongé le long du pontet.

Portez
ARME.

234. Comme il est prescrit (n° 223).

234 *bis.* Les armes étant chargées, le chien au cran de sûreté, les soldats au port d'arme ou reposés sur l'arme, l'instructeur commande :

Position du tireur debout.
Apprêtez
ARME.

Un temps et trois mouvements.

Premier et deuxième mouvements.

232 *bis.* Comme les deux mouvements du premier temps de la charge.

Troisième mouvement.

233 *bis.* Armer en tournant le levier de droite à gauche, puis le rabattre complétement à droite, saisir l'arme à la poignée avec la main droite, le premier doigt allongé le long du pontet.

Portez
ARME.

234 *bis.* Comme il est prescrit (n° 223 *bis*).

Position du tireur à genou.

235. Les armes étant chargées et les soldats au port d'arme, l'instructeur commande :

Position du tireur à genou.
Apprêtez
ARME.

Un temps et trois mouvements.

235 *bis.* Les armes étant chargées, le chien au cran de sûreté et les soldats au port d'arme, l'instructeur commande :

Position du tireur à genou.
Apprêtez
ARME.

Un temps et trois mouvements.

Premier mouvement.

236. Faire un demi-à-droite sur le talon gauche, porter le milieu du pied droit à en-

viron 30 centimètres eu arrière et 15 centimètres à gauche du talon gauche, suivant la
taille de l'homme ; saisir en même temps le
fourreau de la baïonnette avec la main gauche
et le ramener en avant, les épaules effacées
et la tête directe.

Deuxième mouvement.

237. Mettre le genou droit à terre, poser
la crosse à terre sans frapper, s'asseoir sur
le talon droit, placer le fourreau de la baïonnette le bout en avant, saisir l'arme avec la
main gauche à hauteur de la hausse, et avec
la main droite à la poignée.

Troisième mouvement.

238. Abattre l'arme avec les deux mains,
l'avant-bras appuyé sur la cuisse gauche, la
crosse touchant la cuisse droite ; armer et rabattre le levier à droite, saisir l'arme à la
poignée avec la main droite, le premier doigt
allongé le long du pontet.

238 *bis.* Abattre l'arme avec les deux
mains, l'avant-bras appuyé sur la cuisse
gauche, la crosse touchant la cuisse droite ;
armer en tournant le levier de droite à
gauche, puis le rabattre complétement à
droite ; saisir l'arme à la poignée avec la
main droite, le premier doigt allongé le long
du pontet.

Portez
ARME.

239. Au commandement de *Portez*, désarmer, saisir l'arme à la poignée et redresser vivement l'arme ; au commandement de *Arme*, se relever et reprendre la position du port d'arme.

240. Si cette position est prise en parlant de celle du soldat reposé sur l'arme, la crosse reste appuyée à terre pendant l'exécution des deux premiers mouvements.

Position du tireur couché

241. Se coucher sur le ventre, les deux coudes servant d'appui et rapprochés le plus possible ; soutenir l'arme de manière que le bout du canon ne soit pas appuyé à terre, tout corps étranger introduit dans l'âme, surtout près de la bouche, pouvant amener la rupture du canon.

Observations.

242. Au troisième mouvement de la position du tireur debout ou à genou, les soldats chargent leurs armes, si elles ne le sont déjà.

243. Lorsque les soldats sont sur deux rangs, ceux du second rang appuient d'environ 15 centimètres à droite, au commandement de *Position du tireur debout* ou de *Position du tireur à genou*, qu'ils soient au port d'arme ou reposés sur l'arme. Ils se replacent à leur chef de file après l'exécution du mouvement de *Portez arme*.

ARTICLE IV.

Exercices préparatoires de tir.

244. Pour préparer les hommes à exécuter les mouvements de *joue* et de *feu*, qui sont de la plus grande importance, on les fait passer par des exercices préparatoires. Ils sont placés en demi-cercle autour du chevalet de pointage pour les deux premiers exercices, et sur un rang, à un pas d'intervalle pour les deux autres exercices.

Premier exercice préparatoire.

245. *Pointage sur le chevalet avec la ligne de mire de 200 mètres.* — L'instructeur place un fusil sur le chevalet de pointage et montre aux hommes les deux points qui déterminent la ligne de mire, c'est-à-dire le fond du cran de la hausse et le sommet du guidon; il leur explique que, pour pointer, il suffit de mettre ces deux points et celui qu'on doit viser sur le même alignement, l'arme ne penchant ni à droite ni à gauche; il pointe ensuite l'arme avec la ligne de mire de 200 mètres sur un point marqué d'une manière apparente, puis il prescrit aux hommes d'examiner l'un après l'autre comment l'arme est pointée, en leur faisant prendre la position suivante :

Fermer l'œil gauche, la joue touchant à peine la monture, l'œil droit au-dessus de la crosse; prendre la ligne de mire en faisant passer un rayon visuel par le fond du cran de la hausse et le sommet du guidon; prolonger cette ligne jusqu'au point visé.

Quelques hommes parviennent difficilement à fermer l'œil gauche. On doit les y exercer jusqu'à ce qu'ils arrivent à le fermer sans trop d'effort.

246. Dès que les hommes ont bien vu et bien compris ce que c'est qu'une arme régulièrement pointée, l'instructeur dérange le fusil et prescrit successivement à chaque soldat de viser lui-même le point désigné ; il vérifie le pointage pour chacun d'eux, et indique, s'il y a lieu, les erreurs commises, en leur faisant voir que la ligne de mire est mal prise ou qu'elle est mal dirigée. Après avoir fait rectifier le pointage par le soldat lui-même, jusqu'à ce qu'il l'ait bien exécuté, l'instructeur a soin de déranger le fusil avant de passer à un autre homme.

247. L'instructeur fait ensuite pointer l'arme par un des hommes ; il fait vérifier successivement le pointage par tous les autres, demande à chacun si l'arme ne penche ni d'un côté ni de l'autre, et si la ligne de mire passe à droite ou à gauche, au-dessous ou au-dessus du point désigné. Lorsque tous les hommes lui ont donné leur opinion à voix basse, il vérifie à son tour le pointage et indique les erreurs commises. Tous les hommes sont appelés à tour de rôle à pointer.

Deuxième exercice préparatoire.

248. L'instructeur fait répéter le premier exercice avec une ligne de mire quelconque.

A cet effet, il commence par apprendre aux hommes le maniement de la hausse et les règles de tir.

249. *Maniement de la hausse.* — L'instructeur prescrit successivement à chaque homme de disposer le curseur pour l'emploi de chacune des lignes de mire, en se conformant aux prescriptions suivantes :

250. A l'indication de la distance, coucher la planche en avant ou en arrière, suivant le cas ; saisir les rebords du curseur
avec le pouce et le premier doigt de la main
droite, et le faire jouer pour l'amener à la
place qu'il doit occuper ; lever la planche, si
la distance indiquée l'exige.

251. *Règles de tir.* — Lorsque les hommes
savent disposer la hausse, l'instructeur leur apprend les cinq règles de tir, savoir :

Viser le centre du but ou la ceinture d'un
homme :

1° Jusqu'à 250 mètres, avec la ligne de
mire de 200 mètres ;

2° Entre 250 et 350 mètres, avec la ligne
de mire de 300 mètres ;

3° Entre 350 et 450 mètres, avec la ligne
de mire de 400 mètres ;

4° Entre 450 et 550 mètres, avec la ligne
de mire de 500 mètres.

5° Pour toute distance plus grande que
550 mètres, élever le curseur jusqu'à ce que
le bord supérieur gauche, pour les distances
variant de 100 en 100 mètres, et le bord supérieur droit, pour les distances intermédiaires, soit arrivé au trait qui marque la
distance estimée.

251 *bis. Règles de tir.*— Lorsque les hommes
savent disposer la hausse, l'instructeur leur apprend les cinq règles de tir, savoir :

Viser le but ou la ceinture d'un homme :

1o Jusqu'à 250 mètres, avec la ligne de tir de 200 mètres (Planche rabattue en avant, cran de mire du pied de la hausse);

2o Entre 250 et 350 mètres, avec la ligne de mire de 300 mètres (Planche rabattue sur le pied, cran de mire du talon de la hausse);

3o Entre 350 et 400 mètres, avec la ligne de mire de 350 mètres (Planche levée, curseur à rallonge levé, cran inférieur de la planche).

4o A partir de 400 mètres, placer le bord supérieur du curseur à la division qui marque la distance indiquée ou qui s'en rapproche le plus. Les traits gravés sur le côté gauche de la planche correspondent au tir avec le cran de mire du curseur de 400 à 1,200 mètres ; les traits gravés sur le côté droit correspondent au tir avec le cran de mire supérieur de la rallonge de 1,400 à 1,800 mètres. L'espacement des divisions est réglé pour des distances de tir variant de 25 en 25 mètres.

5o A 1,300 mètres, viser avec le cran supérieur de la planche ; avoir soin de lever le curseur à rallonge pour démasquer la ligne de mire.

252. *Pointage avec une ligne de mire quelconque.* — L'instructeur apprend ensuite aux hommes à pointer aux différentes distances, en s'occupant d'abord des distances qui sont indi-

quées sur le côté gauche de la planche, et en
employant ensuite celles intermédiaires marquées
sur le côté droit.

253. On donne l'instruction du pointage sur
le chevalet, en faisant comprendre aux hommes
que le but est censé placé aux distances pour
lesquelles on leur fait appliquer les règles de tir.
Il importe cependant, si le terrain le permet, de
les exercer aussi à pointer sur des cibles placées
réellement aux distances indiquées. Dans ce cas,
le centre du but étant le point noir, on leur fait
viser le bas de ce noir, afin d'éviter que, dans les
tirs, le bout du canon ne vienne masquer le point
visé à l'œil des tireurs, par suite des oscillations
de l'arme.

Troisième exercice préparatoire.

254. *Placement de l'arme à l'épaule.* —
L'homme étant dans la position du dernier temps
de la charge, l'instructeur se place à sa droite,
lui retire son fusil en le saisissant sous le levier,
lui prescrit de laisser tomber les bras naturellement, d'élever l'épaule droite et de la porter en
avant, l'épaule gauche ne bougeant pas; puis
l'instructeur applique fortement la plaque de
couche contre l'épaule de l'homme qu'il soutient
de la main gauche, le talon de la crosse afflou-
rant à peu près la partie supérieure de l'épaule,
le tranchant extérieur de la plaque de couche en
dedans de la couture de la manche, l'arme ho-
rizontale, ne penchant ni à droite ni à gauche;
l'instructeur fait alors saisir l'arme à l'homme,
d'abord avec la main droite à la poignée, ensuite
avec la main gauche sous le pied de la hausse;
il cesse de soutenir l'arme, et l'homme la main-

tient dans cette position, en continuant à l'appuyer fortement contre l'épaule.

255. L'instructeur passe d'un homme à l'autre pour enseigner cette position, et prescrit à celui qu'il vient de quitter de s'exercer à la prendre de lui-même. Il laisse les hommes pendant un certain temps à cet exercice et rectifie leur position.

256. Lorsque les hommes sont bien exercés dans le placement de l'arme à l'épaule, l'instructeur leur fait d'abord prendre la ligne de mire de 200 mètres ; ensuite il les habitue à la diriger sur un point et à l'y maintenir.

257. Les hommes répètent cet exercice avec une ligne de mire quelconque ; mais l'instructeur leur fait observer que, pour l'emploi des hausses supérieures à 500 mètres, la mise en joue doit être modifiée, et qu'il faut, en raison des distances, baisser l'épaule, le coude et la crosse, afin de n'être pas obligé de lever la tête pour prendre la ligne de mire.

Quatrième exercice préparatoire.

258. Lorsque les soldats savent mettre en joue et maintenir la ligne de mire sur le point visé, l'instructeur les prépare à l'action du doigt sur la détente pour faire feu. Les soldats sont d'abord placés dans la position du dernier temps de la charge, et ils s'exercent à agir sur la détente de la manière suivante : la main droite serrant l'arme à la poignée, engager la deuxième phalange du premier doigt sur la détente, fixer les yeux sur le chien, retenir la respiration et faire partir le coup en fermant graduellement le doigt.

259. L'instructeur fait ensuite pointer et tirer les soldats dans la position du tireur debout, en employant d'abord la ligne de mire de 200 mètres, puis successivement toutes les lignes de mire de l'arme. A cet effet, il passe devant chaque soldat, lui indique la ligne de mire à prendre; le soldat met en joue, s'appliquant à maintenir au-dessous du centre noir les lacets de la ligne de mire provenant de l'oscillation de l'arme; puis il commence à fermer le doigt, saisit l'instant où la ligne de mire est bien dirigée pour faire partir le coup, en achevant de fermer graduellement le doigt; il reste en joue après que le coup est parti, et s'assure que la ligne de mire passe encore par le point visé.

260. Pendant cet exercice, l'instructeur se fait souvent viser dans l'œil droit pour s'assurer que l'homme sait bien viser un point désigné et maintenir son arme sur ce point au moment où il agit sur la détente; après que le coup est parti, il interroge le soldat sur la direction qu'avait la ligne de mire au moment du départ.

261. Les soldats étant bien préparés par ces exercices à mettre en joue et à faire feu, l'instructeur leur fait exécuter ces mouvements de la manière suivante :

ARTICLE V.

Mouvements de joue et de feu.

262. Les armes étant chargées et les soldats dans la position du tireur debout, l'instructeur commande :

A tant de mètres.

263. Disposer la hausse pour la distance indiquée.

JOUE.

Un temps et un mouvement.

264. Élever l'arme avec les deux mains, sans brusquer le mouvement, le corps restant d'aplomb; appuyer fortement la crosse contre l'épaule, le coude gauche abattu, le droit à hauteur de l'épaule; fermer l'œil gauche, prendre la ligne de mire et la diriger sur le but en penchant le moins possible la tête à droite et en avant; la deuxième phalange du premier doigt de la main droite en avant et contre la détente.

FEU.

Un temps et un mouvement.

265. Faire partir le coup en achevant de fermer le doigt sans brusquerie, la tête et le corps restant immobiles.

266. Lorsque les soldats ont fait feu, l'instructeur commande :

CHARGEZ.

Un temps et un mouvement.

267. Retirer vivement l'arme, prendre la position du second mouvement du premier temps de la charge et exécuter la charge à volonté.

268. Pour faire porter les armes au lieu de les faire charger, l'instructeur commande :

Portez

ARME.

Un temps et un mouvement.

269. Au commandement de *Portez*, prendre la position du second mouvement du premier temps de la charge, mettre le chien au cran de sûreté et saisir l'arme à la poignée ; au commandement de *Arme*, porter l'arme en revenant face en avant.

269 *bis*. Au commandement de *Portez*, prendre la position du second mouvement du premier temps de la charge, retirer l'étui du canon, désarmer et saisir l'arme à la poignée ; au commandement de *Arme*, porter l'arme en revenant face en avant.

270. Les soldats étant dans la position de joue, l'instructeur peut commander :

Replacez

ARME.

271. Reprendre la position du dernier temps de la charge.

272. Les soldats étant dans la position du tireur à genou, l'instructeur fait exécuter le feu par le commandement :

A tant de mètres.

273. Disposer la hausse pour la distance indiquée.

JOUE.

Un temps et un mouvement.

274. Placer le coude gauche sur la cuisse et près du genou, faire glisser en même temps l'arme dans la main gauche qui vient se placer contre le pontet, le poignet légèrement en-dedans, l'arme maintenue entre le pouce et les quatre doigts réunis sur la main droite ; appuyer la crosse contre l'épaule, prendre la ligne de mire et la diriger sur le but, en penchant le moins possible la tête à droite et en avant, la deuxième phalange du premier doigt de la main droite en avant et contre la détente.

FEU.

275. Le feu s'exécute comme il est prescrit (n° 265).

Observations.

276. On fait répéter aux soldats, dans la position du tireur à genou, les exercices préparatoires pour mettre en joue et faire feu, comme il est prescrit (n°⁵ 254 et suivants). On laisse les soldats placer d'eux-mêmes l'arme à l'épaule, en rectifiant, s'il y a lieu, leur position et en veillant à ce que le corps repose sur la jambe droite, la jambe gauche ne devant soutenir que le poids de l'arme ; que la crosse soit placée à l'épaule comme dans la position debout, et que la tête soit peu inclinée, surtout en avant.

277. La position à genou offrant de grands avantages pour la régularité du tir et le défilement du tireur, on doit y exercer les soldats, afin qu'elle leur devienne commode et familière, et qu'ils arrivent à charger rapidement dans cette position. La conformation de l'homme exige quelquefois que la position soit modifiée.

278. Pour faire charger les armes après le feu, l'instructeur commande:

CHARGEZ.

Un temps et un mouvement.

279. Retirer vivement l'arme et charger dans la position du tireur à genou.

280. Pour faire porter les armes au lieu de les faire charger, l'instructeur commande:

Portez
ARME.

Un temps et un mouvement.

281. Au commandement de *Portez*, prendre la position du troisième mouvement de *Apprêtez l'arme* (n° 238), désarmer, saisir l'arme à la poignée et redresser vivement l'arme; au commandement de *Arme*, se relever et reprendre la position du port d'arme.

281 bis. Au commandement de *Portez*, prendre la position du troisième mouvement de *Apprêtez l'arme* (n° 238 bis), retirer l'étui du canon, désarmer, saisir l'arme à la poignée et redresser vivement l'arme ; au commandement de *Arme*, se relever et reprendre la position du port d'arme.

282. Les soldats étant dans la position de *joue*, l'instructeur peut commander :

Replacer

ARME.

Les hommes reprennent la position du troisième mouvement de *Apprêtez l'arme*.

283. Les soldats étant dans la position du tireur couché, l'instructeur leur enseigne également à mettre en joue, à faire feu et à charger leur arme dans cette position. Pour charger, les hommes doivent s'appuyer sur l'avant-bras gauche.

Inspection

(*des*) ARMES.

Un temps et un mouvement.

284. Prendre la position du second mouvement du premier temps de la charge, armer, ouvrir le tonnerre, mettre le chien au cran de départ pour faire sortir l'aiguille et saisir l'arme à la poignée.

284 *bis*. Prendre la position du second mouvement du premier temps de la charge, ouvrir le tonnerre, mettre le chien au cran de départ pour faire sortir le percuteur et saisir l'arme à la poignée.

285. L'instructeur inspecte ensuite successivement l'arme de chaque soldat en passant devant le rang. Chaque soldat, à mesure que l'instructeur passe devant lui, redresse son arme avec les deux mains, le tonnerre en avant, et se remet face en avant. Après l'examen de l'instructeur, il reprend la position du soldat reposé sur l'arme, après avoir fermé le tonnerre et désarmé dans la position du second mouvement du premier temps de la charge.

ARTICLE VI.

Escrime à la baïonnette.

286. Les soldats sont placés sur un rang, à quatre pas d'intervalle les uns des autres, afin qu'ils ne puissent se rencontrer dans les voltes.

287. Les soldats étant au port d'arme, l'instructeur commande :

En garde.

Assurez

GARDE.

288. Élever l'arme avec la main droite, la saisir avec la main gauche au-dessous de la grenadière, faire un demi-à-droite sur le talon gauche, placer en même temps le pied droit en équerre, le talon droit contre le talon gauche.

289. Abattre l'arme avec les deux mains,

le canon en dessus, le coude gauche appuyé au corps ; saisir en même temps l'arme à la poignée avec la main droite, qui vient s'appuyer contre la hanche, la pointe de la baïonnette à hauteur de l'œil ; se fendre en même temps en arrière de la partie droite, à 50 centimètres, le talon droit sur le prolongement du gauche, les jarrets un peu ployés, le poids du corps portant également sur les deux jambes.

Portez

ARME

290. Reprendre la position du port d'arme (nᵒˢ 190 et 191).

291. Les soldats étant placés dans la position de la garde, on leur fait exécuter les mouvements suivants.

Face à droite (gauche).

(A) DROITE (GAUCHE)

292. Tourner sur le talon gauche en élevant un peu la pointe du pied, faire face à droite (gauche) ; porter en même temps le pied droit en arrière à 50 centimètres.

Demi-tour à droite.

(A) DROITE.

293. Tourner à droite sur le talon gauche en élevant un peu la pointe du pied, faire face en arrière sans déranger la position de

l'arme, et rapporter le pied droit en arrière,
à 50 centimètres du gauche.

Demi-tour à gauche.
(4) GAUCHE.

294. Tourner à gauche sur le talon
gauche et exécuter le mouvement précédent.

Un pas en avant.
MARCHE.

295. Placer le pied droit contre le gauche, et porter le pied gauche à 50 centimètres en avant du droit.

Un pas en arrière.
MARCHE.

296. Ramener le pied gauche contre le
droit, et rompre vivement du pied droit à
50 centimètres en arrière.

Un pas à droite.
MARCHE.

297. Jeter le pied droit à 50 centimètres
à droite dans la même direction., porter
aussitôt le pied gauche en avant, à sa distance et à sa position.

Un pas à gauche.
MARCHE.

298. Jeter le pied gauche à 50 centimètres à gauche, porter aussitôt le pied droit en arrière, à sa distance et à sa position.

Double pas en avant.
MARCHE.

299. Jeter le pied droit à 50 centimètres en avant du gauche, porter vivement le pied gauche à 50 centimètres en avant, et conserver la garde.

Double pas en arrière.
MARCHE.

300. Jeter le pied gauche à 35 centimètres en arrière du droit, porter vivement le pied droit à 50 centimètres en arrière du gauche, et conserver la garde.

Volte-face à droite (gauche).
MARCHE.

301. Rapprocher l'arme du corps avec la main gauche, le canon vis-à-vis l'épaule gauche, sans déranger la main droite. Tourner ensuite à droite (gauche) sur la pointe du pied droit ; jeter le pied gauche perpendiculairement en arrière à 50 centimètres ; achever la volte sur la pointe du pied gauche, et rapporter le pied droit en arrière et à sa distance ; se remettre en même temps en garde.

302. Quand les soldats, affermis dans les diverses positions, exécutent avec précision et légèreté les divers pas et voiles, on leur apprend à se servir du jeu de leur arme pour l'attaque et la défense.

A gauche, parez.
Arme.

303. Élever le bout du canon de 35 centimètres avec la main gauche sans déranger la droite ; faire en même temps une opposition à gauche d'environ 15 centimètres, et rester dans cette position.

Reprenez
GARDE.

304. Ramener l'arme à la position de la garde.

305. Chaque fois que l'instructeur fait exécuter les parades et les pointés, il fait toujours reprendre la garde à la fin de chaque mouvement, par le commandement de : *Reprenez garde.*

A droite, parez.
Arme.

306. Exécuter ce qui est prescrit pour parer à gauche, excepté qu'on fait l'opposition à droite.

En tête, parez.
Arme.

307. Elever l'arme des deux mains, les bras allongés, l'arme couvrant la tète, le levier tourné vers le corps et au-dessus de a tête, la baïonnette menaçante, quoique légèrement inclinée à gauche.

En tête à droite (gauche), parez.
ARME.

308. Avancer l'épaule gauche (droite), élever l'arme comme pour parer en tête, et parer à droite (gauche).

En avant, pointez.
ARME.

309. Porter le haut du corps en avant, ployer le jarret gauche et tendre le droit; lancer vivement l'arme des deux mains, le canon en dessus.

En tête, parez et pointez.
ARME.

310. Parer en tête, ployer le jarret gauche et tendre le droit, lancer vivement l'arme des deux mains.

Coup lancé.
ARME.

311. Porter le haut du corps en avant, ployer le jarret gauche et tendre le droit; lancer rapidement l'arme à son adversaire de toute la longueur du bras droit, l'abandonner de la main gauche en pointant, et reprendre la garde.

312. Chaque fois que les soldats sont en face de l'infanterie, ils pointent à hauteur de la poitrine; en face de la cavalerie, ils dirigent leur coup à hauteur de la tête du cheval ou vers les flancs du cavalier.

313. Quand les soldats connaissent parfaitement les divers pas, les parades et les pointés, on les leur fait réunir au commandement de *Marche*; exemple :

> *Double pas en avant, en tête parez et pointez.*
> Marche.

314. Exécuter le double pas, parer et pointer, reprendre la garde.

315. Comme on doit supposer le cas où un soldat est forcé de se défendre à la fois contre deux ou trois hommes, on fait exécuter les doubles mouvements et les doubles pointés, ce qui ajoute considérablement à l'adresse et à l'agilité du soldat; exemple :

> *Un pas en avant, coup lancé, volte-face à gauche, à gauche parez et pointez.*
> Marche.

316. Marcher en avant, lancer le coup, exécuter la volte-face, parer à gauche, pointer et reprendre la garde.

DEUXIÈME PARTIE.

Principes généraux pour l'instruction en ordre dispersé.

317. L'école du soldat en tirailleurs a pour objet d'enseigner à l'homme et à l'escouade à manœuvrer et à combattre en ordre dispersé.

318. Les tirailleurs portent l'arme de la manière la plus commode; ils ne sont plus astreints à conserver la cadence du pas ni la régularité des alignements.

319. Les mouvements de la chaine des tirailleurs ne peuvent pas s'exécuter avec le même ensemble que ceux d'une troupe à rangs serrés. Ils dépendent essentiellement de la nature du terrain et des circonstances variables du combat. On ne fait usage du pas gymnastique que dans des cas exceptionnels; on traverse rapidement des espaces découverts à proximité de l'ennemi.

320. Les commandements se font le plus souvent à la voix; ils sont répétés au besoin par les sous-officiers et caporaux. Ils se font aussi par signes après que l'attention des tirailleurs a été appelée à l'aide du sifflet. On n'a recours à des sonneries que dans le cas d'absolue nécessité; elles ne sont pas répétées sur la chaine.

321. Dans l'instruction, on doit s'attacher à développer, tout en la réglant, l'initiative indivi-

duelle aux divers degrés de la hiérarchie, à conserver une cohésion intime dans chaque fraction
de la troupe et dans son ensemble, à maintenir
l'ordre et le calme en exigeant l'exécution aussi
complète que possible des prescriptions réglementaires. On assure les effets du feu par une exacte
discipline et par un habile emploi du terrain; on
habitue la troupe à se disperser autant et aussi
souvent que les circonstances l'exigent, et à se
reformer aussitôt que ces circonstances auront
disparu. L'instructeur profite de toutes les occasions et emploie tous les moyens pour démontrer
l'importance de ces principes, et pour faire comprendre que, tout en agissant isolément, on ne
doit jamais échapper à la direction des chefs.

CHAPITRE PREMIER.

Règles générales.

322. Le premier chapitre est destiné seulement à faire connaître aux recrues la signification
des commandements, le type des formations et le
mécanisme des mouvements; il y est fait abstrac-
tion du terrain et de toute circonstance de combat; il n'est pas repris par les anciens soldats.

323. Les hommes de recrue sont réunis sur
la place d'exercice et partagés en groupes de huit
à quinze hommes; chacun de ces groupes représente une escouade et est commandé par un caporal; il est surveillé par un sous-officier.
Les officiers de compagnie dirigent cette instruction. Les articles IV et VI sont enseignés à
deux escouades à la fois par un sous-officier.

324. L'intervalle habituel entre les files d'une

même escouade est de six pas. Le caporal désigne toujours une file sur laquelle se prennent les intervalles et la direction.

ARTICLE PREMIER.

Déploiement.

325. L'escouade étant de front, de pied ferme ou en marche, le caporal commande :

En tirailleurs.

326. La file du centre marche dans la direction que lui désigne le caporal ; les autres files gagnent à droite et à gauche, en marchant, un intervalle de six pas ; dès que chaque file a son intervalle, l'homme du second rang se place à la gauche de son chef de file.

327. L'escouade étant arrivée sur la ligne qu'elle doit occuper, le caporal l'arrête par le commandement de :

Halte.

328. Les tirailleurs s'arrêtent.

329. L'escouade se déploie habituellement sur la file du centre ; mais s'il est avantageux qu'elle se déploie sur la file de droite (gauche), le caporal en prévient l'escouade.

330. L'escouade étant de front, de pied ferme ou en marche, pour la déployer par le flanc, le caporal commande :

Par le flanc droit et le flanc gauche en tirail-
leurs.

331. La file du centre ne bouge pas ou s'arrête; les autres files font par le flanc droit ou le flanc gauche sans doubler, et gagnent en marchant un intervalle de six pas, la file de droite et celle de gauche se dirigent sur le point que leur désigne le caporal. Chaque file s'arrête à mesure qu'elle à son intervalle et fait face en avant; l'homme du second rang se porte à la gauche de l'homme du premier.

332. On déploie par le flanc sur la file de droite ou sur celle de gauche d'après les mêmes principes et au moyen du commandement de :

Par le flanc droit (gauche) en tirailleurs.

333 L'escouade étant par le flanc est déployée sur la file de tête et à sa hauteur par les moyens prescrits ci-dessus et par le commandement de :

A droite (gauche) en tirailleurs.

334. Pour faire prendre entre les files un intervalle autre que l'intervalle habituel, le caporal commande :

A tant de pas en tirailleurs,

ou

Par le flanc droit et le flanc gauche à tant de pas en tirailleurs.

335. Le déploiement se fait comme il a été prescrit, en prenant l'intervalle indiqué.

336. Les moyens prescrits permettent de dé-

ployer une escouade, quelle que soit sa formation, aussi bien face à droite (gauche) qu'en avant;
son chef lui fait faire préalablement par le flanc
droit (gauche).

ARTICLE II.

Ouvrir et resserrer les intervalles.

337. L'escouade étant déployée et de pied
ferme ou en marche, lorsque le caporal veut lui
faire ouvrir ou resserrer les intervalles, il commande :

A tant de pas ouvrez (serrez) les intervalles.

338. Le caporal se porte rapidement,
s'il n'y est déjà, devant la file sur laquelle il
veut faire prendre les intervalles.

339. Les files ouvrent (serrent) leurs
intervalles à la distance indiquée, en marchant par le flanc ou obliquement.

ARTICLE III.

Marches.

340. L'escouade étant déployée, son chef
commande :

En avant.

341. Le caporal se porte près de la file
qu'il choisit pour donner la direction, et la
lui indique.

342. Les tirailleurs se mettent en marche

en conservant leurs intervalles et en prenant la direction du côté de la file près de laquelle s'est placé le caporal.

343. Pour faire marcher en retraite, le caporal commande :

En retraite.

344. Les soldats font face en arrière, et marchent en retraite en se conformant aux prescriptions données pour la marche.

345. Pour faire marcher par le flanc droit (gauche), le caporal commande :

Par le flanc droit (gauche).

346. Le caporal se porte rapidement à côté de l'homme de droite (gauche) et lui indique la direction. Chaque soldat fait à-droite (gauche) et marche dans les traces de l'homme qui le précède en conservant son intervalle.

347. L'escouade étant en marche en avant, en retraite ou par le flanc, pour l'arrêter, le caporal commande :

Halte.

348. Les soldats s'arrêtent et font face en avant.

349. Une escouade déployée en tirailleurs étant de pied ferme ou en marche, si le caporal veut lui faire changer de direction à droite (gauche), il commande :

Changement de direction à droite (gauche).

350. La file de droite (gauche) est placée dans la nouvelle direction par le caporal ; les autres files prennent une allure accélérée et se conforment au mouvement de la file de base d'après les principes prescrits à l'école du soldat dans le rang. Si l'ouverture de l'angle l'exige, le caporal fait arrêter la file de droite ou de gauche dès qu'elle est établie dans la nouvelle direction ; les autres files s'arrêtent à sa hauteur et le caporal fait ensuite reprendre la marche.

ARTICLE IV.

Relever et renforcer les tirailleurs.

351. Lorsqu'une escouade déployée en tirailleurs doit être relevée, la nouvelle escouade est déployée de manière à avoir achevé son mouvement en arrière de la ligne ; puis elle remplace l'ancienne escouade ; celle-ci marche en retraite et est rassemblée.

352. Si les tirailleurs qu'on doit relever marchent en retraite, l'escouade qui est chargée de les remplacer se déploie et se laisse dépasser par les anciens tirailleurs, qui sont ensuite rassemblés.

353. Pour renforcer une escouade en tirailleurs en conservant à la chaîne le même front, on procède de deux manières.

354. Si l'escouade ne fait pas feu, elle resserre ses intervalles sur une extrémité de la chaîne. L'escouade de renfort se déploie en marchant, de manière à occuper l'espace laissé libre.

355. Pendant l'exécution des feux, l'escouade

de renfort se déploie en marchant, les hommes
qui la composent s'intercalent dans les intervalles
de la première escouade, dont le caporal renou-
velle les indications déjà données sur la hausse
et le but. Les nouveaux tirailleurs commencent
ensuite le feu. Chacun des caporaux prend le commandement d'une moitié de la chaîne; celui qui
a doublé se place toujours à la gauche.

356. Pour renforcer une escouade en pro-
longeant la chaîne, on déploie l'escouade de renfort de manière qu'elle entre en ligne à droite ou
à gauche et sur le prolongement de la première
Ce mouvement peut se faire, que la chaîne exécute ou non les feux.

Article V.

Feux.

357. Le feu est exécuté toujours de pied
ferme. Il est fait soit par quelques hommes seulement, soit lentement par toute la ligne, soit avec
le plus de vivacité possible, soit enfin par salve.
Les hommes doivent prendre l'habitude de viser
attentivement en appliquant les principes de tir ;
ils doivent pouvoir rendre compte du nombre des
coups qu'ils ont tirés, le caporal les interroge sur
ce point important. Il indique le but et la hausse
et les fait varier souvent.

358. Lorsque le caporal veut faire tirer
quelques hommes seulement, il les désigne nomi-
nativement Ces hommes tirent à volonté, mais
sans précipitation. Le chef de l'escouade augmente
ou diminue progressivement l'intensité du feu en
faisant varier tantôt la rapidité du tir, tantôt le
nombre des tireurs.

359. Pour faire exécuter un feu sur tout le front, le caporal commande :

A tant de mètres.
Commencez le feu.

360. Ce commandement indique seulement qu'il est permis de tirer. Les soldats commencent le feu à volonté, mais sans précipitation.

361. Pour donner au feu sa plus grande intensité, le caporal commande :

Feu rapide.

362. Les hommes tirent rapidement, mais sans cesser de viser. Ce feu ne comporte que l'emploi de la hausse de 200 mètres.

363. Le caporal fait quelquefois exécuter des feux de salve, lorsque l'escouade est réunie sur un ou sur deux rangs, par les commandements prescrits dans la première partie de l'école du soldat.

364. Les feux en marchant en avant ou en retraite s'exécutent d'abord par les moyens prescrits ci-dessus ; les hommes s'arrêtent au commandement de *Commencez le feu.* Lorsqu'ils ont tiré quelques coups, le caporal commande : *En avant* ou *En retraite.* A ce commandement, les hommes cessent de tirer et reprennent la marche. Au commandement de *Halte* fait par le caporal, les hommes s'arrêtent de nouveau et recommencent le feu sans autre commandement. Le mouvement continue ainsi, de telle sorte que le feu en marchant n'est qu'une succession de feux de position en position.

365. Pour faire cesser le feu, le caporal commande :

Cessez le feu.

366. Le feu cesse immédiatement ; le caporal veille à l'exécution rigoureuse de cette prescription. Les soldats chargent les armes.

ARTICLE VI.

Ralliement et rassemblement.

—

Ralliement.

367. Pour rallier son escouade, le caporal lève son fusil et commande :

Ralliement.

368. Tous les hommes viennent se grouper rapidement auprès de lui soit en ligne, soit en cercle, dans la formation qu'il indique, sans que l'ordre nuise à la rapidité du mouvement.

369. Le ralliement s'exécute, la chaîne étant arrêtée, pour rester de pied ferme ou pour se mettre en marche ; il s'exécute aussi, la chaîne étant en marche, pour s'arrêter ou pour continuer à marcher.

Rassemblement.

370. Si la chaîne est déployée en tirailleurs ou si elle s'est ralliée sans prendre une formation normale, pour rassembler l'escouade, le caporal se conforme aux prescriptions données dans la première partie (n° 105).

371. Lorsque, pour renforcer les tirailleurs, on aura doublé deux escouades, on pourra leur faire exécuter les marches, les feux, le ralliement et le rassemblement. Les commandements seront faits par l'instructeur ; chaque caporal commandera la moitié de la chaîne placée momentanément sous ses ordres ; les hommes, à quelque escouade qu'ils appartiennent, *se rallieront* au chef le plus voisin de chacun d'eux ; ils *se rassembleront*, au contraire, au caporal de leur escouade.

CHAPITRE II.

Règles générales.

372. Le chapitre II a pour but d'enseigner aux hommes l'application en terrain varié des règles données dans le chapitre Ier.

373. Cette instruction se donne sur des terrains qui présentent des difficultés de plus en plus grandes. Ils sont reconnus à l'avance par l'instructeur et choisis de manière que les divers mouvements puissent s'y exécuter avec profit, il est indispensable de changer souvent de terrain pour habituer les hommes à la diversité des situations et former leur coup d'œil.

374. Les tirailleurs qui ne peuvent voir ou entendre leur caporal se règlent sur leurs voisins ; ils se transmettent les commandements à voix basse.

375. L'ennemi est représenté par un nombre suffisant d'anciens soldats. L'officier instructeur dirige les deux détachements, il peut ainsi pro-

longer un exercice instructif ou le faire recommencer.

376. En général, le feu est simulé ; toutefois, pour bien préciser la position des deux partis, et pour donner à ces exercices l'intérêt et
l'animation désirables, il sera indispensable de
faire quelquefois usage de cartouches à poudre.

377. Les deux partis ne s'approchent pas à
moins de 100 mètres ; ils observent les ordres
donnés pour le respect des propriétés.

378. Les hommes de recrue sont partagés
en groupes de huit à quinze hommes ; chacun de
ces groupes représente une escouade ; il est commandé par un caporal et surveillé par un sous-
officier ; un officier est spécialement chargé de cette
instruction.

379. Les mouvements sont d'abord exécutés
par un groupe de soldats instruits ; les hommes
de recrue regardent et appliquent ensuite ce qu'ils
ont vu faire ; l'instructeur les laisse agir d'eux-
mêmes, rectifie, donne les explications nécessaires
et fait recommencer le mouvement jusqu'à ce qu'il
ait été bien compris.

380. L'essentiel n'est pas de faire beaucoup
de mouvements, mais de les faire bien et d'une
manière rationnelle, en tenant compte des circonstances. On ne saurait donner trop de soin à
cette instruction et la répéter trop souvent ; elle
constitue la véritable préparation à la guerre ; le
soldat ne sera réputé instruit que lorsqu'il l'aura
complétement reçue.

Exercices préparatoires.

Connaissance du terrain.

381. Ces exercices ont pour but de montrer à l'homme la valeur des formes et des accidents du sol, la manière de les utiliser et celle de se porter d'un abri à un autre.

382. Certains abris cachent le soldat à la vue de l'ennemi, mais n'arrêtent pas les projectiles ; tels sont les moissons, haies, buissons, hautes cultures ; l'instructeur recommande à l'homme de changer fréquemment de place lorsqu'il fait feu derrière l'un de ces abris.

383. D'autres au contraire dérobent en même temps à la vue et aux coups. L'instructeur apprend à les utiliser de la manière suivante : se placer de préférence en arrière de l'extrémité droite des murs, rochers, tas de pierres ou de terre, et, dans une rue, aux fenêtres des maisons de gauche, afin de se découvrir le moins possible.

Derrière les levées de terre, dans les fossés ou les sillons, se tenir à genou ou couché, et se soulever légèrement pour tirer ; se coucher un peu en arrière d'une crête ou du bord d'un plateau, de manière à ne se montrer que le moins possible, tout en ne cessant pas de voir la pente qui descend vers l'ennemi.

A la lisière d'un bois, à défaut de fossé ou de levée de terre, rester derrière les premiers arbres, si l'éclatement des projectiles d'artillerie est à craindre, ou, dans le cas contraire, se placer à

quelque distance en arrière du bord, mais de
manière à pouvoir bien découvrir le terrain en
avant.

Le tirailleur se couchera en terrain découvert ;
il devra toujours chercher un point d'appui pour
son arme ; ainsi, derrière un arbre, il appuiera
son fusil sur les branches ou contre le côté droit
du tronc.

384. L'instructeur explique de quelle manière on peut écrêter un mur, et, s'il est trop
élevé, construire des gradius ou percer des cré-
neaux. Il enseigne que l'homme ne devra jamais
occuper un abri qui l'empêcherait de faire un bon
usage de son feu ou de se porter facilement en
avant.

385. L'instructeur apprend ensuite au soldat à se placer avantageusement pour se défendre contre un adversaire posté ; l'homme choisit
son emplacement dans un rayon de quinze à vingt
pas.

386. L'instructeur s'assure que le tirailleur
s'efforce à l'occasion de se dérober non-seulement
aux coups de l'ennemi, mais encore à sa vue ; il
rectifie les fautes commises, et fait remarquer
celles qu'a pu commettre l'adversaire en se décou-
vrant directement ou obliquement, il montre
comment on peut se défiler à la fois des feux directs et des feux obliques, par exemple, en se
couchant au pied d'un arbre.

387. Puis l'instructeur enseigne à l'homme
à se porter d'un abri à un autre, en s'exposant le
moins possible, en suivant les formes du terrain,
ou en rampant, ou en se baissant, ou en traver
sant lestement les espaces dangereux.

8

388. Enfin il habitue trois ou quatre hommes à la fois à marcher de front de la même manière. Dès ce moment, tout en profitant des accidents du sol pour se défiler, les hommes doivent agir de concert, jeter un coup d'œil sur leurs voisins ; s'arrêter s'ils sont trop en avant, repartir aussitôt s'ils sont restés en arrière, se grouper derrière un abri favorable et se disperser pour traverser un espace découvert.

ARTICLE PREMIER.

Déploiement.

389. Les déploiements s'exécutent toujours par les moyens les plus prompts et les mieux appropriés au terrain et aux circonstances. Les alignements et les intervalles sont repris dès que disparaissent les motifs qui les ont fait négliger. En tous cas on se conforme rigoureusement au principe qui veut que chaque tirailleur puisse rester en relation avec ses voisins et son chef, et en même temps observer l'ennemi.

390. L'instructeur fait exécuter les déploiements par les moyens prescrits dans le chapitre Ier, mais l'homme du deuxième rang n'est plus tenu à se placer à la gauche de son chef de file ; il peut, suivant les circonstances, prendre position à sa droite ou en arrière dans un rayon de trois pas.

391. Après chacun des premiers déploiements, l'instructeur rassemble l'escouade ; il fait sentir pour quels motifs un point est plus ou moins avantageux à occuper, comment on peut battre de loin un espace découvert, et comment,

en concentrant son feu, une troupe peut en augmenter la puissance ; il fait bien comprendre que
le tir de l'artillerie placée en arrière n'expose-
rait les tirailleurs à aucun danger.

392. Lorsque l'instructeur a donné ces explications sur la position qu'occupait l'escouade, il
indique à chacun les fautes qu'il a pu commettre
dans l'exécution du mouvement. Il fait occuper de
nouveau la même position par un déploiement de
pied ferme, et s'assure que les soldats ont profité
de ses observations.

393. L'instructeur prépare les soldats à des
pratiques qui seront d'un bon usage à la guerre.
Il habitue l'escouade à garder une position d'attente, cachée à la vue de l'ennemi, avant de
prendre la position de combat proprement dite ;
à cet effet, il établit deux ou trois hommes défilés autant que possible sur la ligne que l'on
devra occuper, pendant que l'escouade reste
groupée et complétement abritée des vues de
l'ennemi ; il déploie ensuite l'escouade sur la position. Il habitue les caporaux à rectifier les fautes
commises sur la ligne en se laissant voir le moins
possible ; il fait mesurer au pas des distances en
avant de la chaîne, afin d'avoir des points de repère ; il en profite pour exercer les hommes à
l'appréciation des distances.

Article II.

Ouvrir et resserrer les intervalles.

394. Le mouvement s'exécute comme il a
été prescrit dans le premier chapitre. On peut
serrer les intervalles jusqu'au coude à coude,

derrière un abri ; on ne doit jamais les ouvrir de façon à empêcher l'escouade de recevoir de son chef une impulsion efficace.

395. On ne fait ouvrir ou resserrer les intervalles par un mouvement de flanc que lorsque les tirailleurs-peuvent être abrités ou que le feu est peu redoutable.

ARTICLE III.

Marches.

396. Les marches et les changements de direction s'exécutent aux commandements prescrits.

397 L'escouade marche tantôt groupée, tantôt dispersée; elle avance, soit à une allure régulière, soit par bonds successifs, c'est-à-dire en se portant d'une position à une autre par une alternative de marches rapides et de haltes que détermine le caporal. A moins de circonstances particulièrement favorables, l'étendue de ces bonds ne doit pas dépasser 50 mètres. L'essentiel est d'atteindre le but du mouvement, c'est-à-dire de gagner du terrain sans s'exposer à des pertes sensibles et sans mettre la troupe en désordre.

398. Le caporal dirige la marche. Les soldats observent les principes prescrits autant que le permettent les exigences du terrain et les circonstances , ils se conforment toujours à la direction et aux ordres donnés. Ils se dérobent à la vue et aux feux de l'ennemi, sans trop s'écarter à droite ni à gauche de leur direction et sans ralentir la marche ; ils se dirigent sur les obstacles qui peuvent arrêter les projectiles, se bais-

sent derrière les hautes cultures, suivent les
dépressions et les sinuosités du terrain. Ils se
portent ainsi lestement d'un abri à un autre;
dès qu'ils s'arrêtent, ils jettent un coup d'œil
sur leur chef et leurs voisins, et s'embusquent.
Ils traversent rapidement les grands espaces
découverts, en se couchant de distance en distance, mais seulement lorsque l'ordre en est
donné. Dans les bois surtout, ils s'attachent à ne
perdre leur liaison avec leurs voisins; ils s'appel-
lent de temps à autre lorsqu'ils se perdent de
vue.

399. Lorsque la direction devient oblique, et
dans les changements de direction, le caporal
veille à ce que les hommes appliquent les prescriptions précédentes. Il empêche que, pour gagner des abris placés sur les flancs, les hommes
des ailes n'augmentent par trop l'espace occupé
par l'escouade.

400. Le caporal fait marcher deux hommes
en avant de l'escouade groupée ou déployée;
ces éclaireurs indiquent, par le choix qu'ils
font des abris, les points où l'escouade pourra
s'arrêter avec avantage dans ses bonds successifs.

401. L'escouade étant dispersée ou groupée,
lorsque le caporal veut occuper une nouvelle position dans une direction quelconque, le mouvement se fait par toute l'escouade à la fois, ou file
par file, ou homme par homme; le caporal indique de quelle manière le mouvement devra
s'exécuter, et à quel endroit l'escouade devra se
porter. Le mouvement commence par les hommes que le caporal désigne à cet effet; les autres

hommes gagnent rapidement la position déjà marquée par les premiers. On ne saurait trop s'attacher à faire exécuter ce mouvement important avec ordre et intelligence.

ARTICLE IV.

Relever et renforcer les tirailleurs.

402. Il est sinon impossible, du moins fort difficile de relever les tirailleurs aux prises avec l'ennemi ; cependant on peu. avoir besoin d'exécuter ce mouvement quand on n'est pas vivement engagé ; on observe alors les principes prescrits ; toutefois, si les circonstances le permettent, on fera dépasser l'escouade en position par celle qui la relève.

403. Les tirailleurs sont renforcés par les divers moyens indiqués. On n'emploie le doublement que si l'on ne peut pas prolonger la chaîne ou resserrer les intervalles.

404. Dès que le doublement est effectué, le chef de chacune des fractions de la ligne veille à ce que les hommes qui sont passés sous son commandement se renseignent sur la position de l'ennemi, sur les distances, et à ce qu'ils se postent convenablement.

ARTICLE V.

Feux.

405. Des feux bien exécutés préparent et le plus souvent procurent les résultats définitifs du combat. Ils seront l'objet d'une attention constante dans le cours de l'instruction, comme sur

le champ de bataille ; on doit arriver à en faire
comprendre toute l'importance au soldat. Le
caporal les fera exécuter par les moyens prescrits dans le premier chapitre ; il en réglera la
direction et l'intensité selon les circonstances et
les ordres reçus.

406. L'instructeur explique qu'en général il
n'est pas avantageux de tirer à plus de :

250 mètres sur les tirailleurs isolés et abrités ;

3 à 400 mètres sur une chaîne de tirailleurs à
découvert, ou des cavaliers isolés ;

5 à 600 mètres sur des soutiens massés.

800 mètres sur des réserves :

1,000 mètres sur des masses ou une batterie
d'artillerie.

Ces indications s'adressent tout particulièrement aux soldats. Les officiers seront seuls juges
des circonstances où l'on devra s'en écarter ; ils
indiqueront alors le but et la hausse.

407. Lorsque le feu est exécuté par quelques
hommes seulement, ceux qui ne tirent pas restent
entièrement défilés ; ils écoutent les indications
qui sont données sur les distances de tir et le
terrain.

408. Pour l'exécution du feu lent par toute
la chaîne, les soldats tirent à volonté, sans précipitation ; ils attendent le moment où leur coup
aura chance d'être efficace, et observent son effet.
Ils se placent de manière à bien voir le terrain en
avant, et ne s'abritent que s'ils peuvent le faire
sans inconvénients pour le tir ; ils cherchent un
appui pour leur arme, et visent les groupes ou
les officiers, principalement ceux qui seraient
montés.

409. Le feu rapide étant réservé pour de petites distances, chaque homme tire, avec la hausse de 200 mètres, aussi vite que possible, sans cesser d'ajuster dans la direction indiquée.

410 Les feux de salve sont exécutés aux commandements prescrits à la première partie de l'école du soldat, l'escouade étant soit sur deux rangs, soit sur un rang, suffisamment serré.

411. Dans les feux en marchant, le caporal a soin de n'arrêter la ligne que dans des positions avantageuses; en terrain découvert, les tirailleurs se couchent à chaque halte. Lorsque le feu ne doit être fourni que par quelques hommes, on y emploie ceux qui ont pu jusqu'à ce moment être chargés du rôle d'éclaireurs.

412. Dans tous les genres de feux, le tir de l'escouade est dirigé sur le but que désigne le caporal, qui s'assure, en outre, que la hausse indiquée est bien employée. Les hommes devront pouvoir dire combien de coups ils ont tirés combien il leur en reste dans les cartouchières et dans le sac. Quelquefois le caporal fixe le maximum du nombre de coups à tirer.

413. Au commandement de *Cessez le feu*, les hommes cessent immédiatement le feu; le caporal s'attache à l'exécution rigoureuse de cette prescription.

414. L'instructeur s'efforce de faire comprendre que l'avantage doit rester à la troupe qui sait le mieux ménager son feu pour le moment favorable, fatiguer l'ennemi, l'amener à épuiser ses forces et ses munitions; qu'une consommation de cartouches prématurée met une troupe à la merci d'un adversaire , qui peut souvent se soustraire aux effets d'un feu très-nourri, mais mal dirigé.

415. Il s'assure qu'après tout mouvement qui déplace la chaîne, chacun se rend compte des conditions nouvelles qui en résultent pour le tir; il habitue le soldat à tirer obliquement sur des adversaires qui, bien que couverts de face, peuvent cependant lui offrir un but favorable, et à régler la rapidité du feu d'après son efficacité probable, en raison de la grandeur et de l'éloignement du but. Il enseigne que, dans un tir réel, le soldat doit observer où portent ses coups, afin de régler son tir.

ARTICLE VI.

Ralliement et rassemblement.

416. Le ralliement s'exécute d'après les principes prescrits. Le caporal choisit le point le plus favorable; il le prend sur la chaîne, ou en avant plutôt qu'en arrière, et donne à l'escouade la formation la plus convenable, soit pour marcher en avant ou en retraite, soit pour se maintenir sur la défensive, et, dans ce cas, fournir la plus grande quantité de feux.

417. Lorsque deux escouades sont mélangées, on fait souvent répéter ce mouvement, de manière à habituer les hommes à se réunir promptement au chef qui les commande, même momentanément.

418. Les tirailleurs doivent être convaincus qu'il ne leur est pas nécessaire de se rallier pour repousser la cavalerie; pour se mettre à l'abri de ses atteintes, il leur suffira presque toujours d'employer judicieusement les obstacles du terrain ou de se coucher au moment où passera la charge.

419. Le rassemblement s'exécute comme il a été prescrit au premier chapitre.

Observation générale.

420. Dans l'école du soldat comme dans les écoles suivantes, on devra terminer les exercices en ordre dispersé par des mouvements en ordre serré, qu'on fera exécuter avec la plus grande précision.

Cette prescription a pour but de maintenir les soldats dans des habitudes d'ordre et de discipline indispensables à la cohésion.

Progression à suivre dans la méthode d'enseignement de l'école du soldat

L'école du soldat sera enseignée suivant une progression réglée par le chef de corps, d'après les bases ci-après, qui seront rigoureusement observées :

Le soldat sera d'abord exercé uniquement sur la place d'exercices. On lui fera exécuter :

La première partie jusqu'à l'article II inclus du chapitre II, puis simultanément le reste de la première partie (à l'exception de l'escrime à la baïonnette) et les quatre premiers articles du chapitre Ier de la IIe partie.

On commencera ensuite son instruction en terrain varié, instruction qui sera continuée simultanément avec celle de la place d'exercices,

en observant de ne faire exécuter les feux en tirailleurs qu'après les positions du tireur, les principes du tir et les mouvements de joue et de feu ;
et aussi les articles du chapitre II de la IIe partie
qu'après les articles correspondants du cha-
pitre Ier de la même partie.

Au début de l'instruction, on fera exécuter aux
recrues les exercices d'assouplissement, qui seront, en outre, repris à chacune des séances consacrées à l'enseignement de la première partie de
l'école du soldat.

Imp. de J. DUMAINE, rue Christine, 2.

EXERCICES

PLUS PARTICULIÈREMENT

PROPRES A L'ASSOUPLISSEMENT

(Extrait de l'Instruction du 24 avril 1846).

Mouvements de la tête et du corps.

Tourner la tête à droite et à gauche.

8. Les hommes sont placés coude à coude ;
L'instructeur commande :

    1. *Tournez la tête à droite et à gauche.*
    2. UN, DEUX.
    3. FIXE.

Au commandement de *un*, tourner très-lentement la tête vers l'épaule droite, en donnant à ce mouvement le plus d'extension possible.

Au commandement de *deux*, la tourner de la même manière vers l'épaule gauche et continuer ainsi.

Au commandement de *fixe*, cesser ce mouvement et replacer la tête dans la position directe.

L'instructeur veille à ce que le mouvement de la tête n'entraîne pas les épaules.

Fléchir la tête en avant et en arrière.

9. L'instructeur commande :

1. *Flexion de la tête en avant et en arrière.*
2. UN, DEUX.
3. FIXE.

Au commandement de *un*, incliner la tête vers la poitrine.

Au commandement de *deux*, la relever et l'incliner modérément en arrière et continuer ainsi.

Au commandement de *fixe*, replacer la tête droite.

Fléchir la tête vers la droite et vers la gauche.

10. L'instructeur commande :

1. *Flexion de la tête vers la droite et vers la gauche.*
2. UN, DEUX.
3. FIXE.

Au commandement de *un*, incliner lentement la tête vers la droite, comme si on voulait la coucher sur l'épaule.

Au commandement de *deux*, la redresser et l'incliner de même vers la gauche. Continuer ainsi.

Au commandement de *fixe*, replacer la tête droite.

Ces mouvements ne doivent jamais être prolongés.

Fléchir le corps en avant et en arrière.

11. L'instructeur commande :

1. *Flexion du corps en avant et en arrière.*
2. COMMENCEZ.
3. CESSEZ.

Au commandement de *commencez*, fléchir le corps en avant sans ployer les genoux ;

Toucher le sol avec l'extrémité des doigts étendus, la paume de la main tournée vers le corps.

Après avoir touché la terre un peu en avant de la pointe des pieds, redresser le corps en envoyant les bras en arrière et les écartant un peu ; courber légèrement le corps en arrière, en effaçant les épaules, fléchir de nouveau le corps en avant et continuer ainsi jusqu'au commandement de *cessez*.

Mouvements des bras.

Mouvement vertical des bras sans flexion.

12. L'instructeur commande :

1. *Attention.*
2. *Elevez et abaissez les bras sans flexion.*
3. COMMENCEZ.
4. CESSEZ.

Au commandement de *commencez*, élever vivement les bras verticalement, sans les fléchir, les poings fermés, les ongles en dedans ; les ramener de même vers les cuisses qu'ils ne doivent point dépasser.

Continuer jusqu'au commandement de *cessez*.

Cet exercice est cadencé par un rhythme.

Mouvement vertical des bras avec flexion.

13. L'instructeur commande :

1. *Attention.*
2. *Élevez et abaissez les bras avec flexion.*
3. COMMENCEZ.
4. CESSEZ.

Au commandement de *commencez*, tourner le dessus de la main en avant, élever les poings en les faisant glisser le long des cuisses et des hanches jusqu'aux aisselles, détachant les coudes du corps ; imprimer aux poings un mouvement de rotation en dehors, les élever ensuite avec vivacité le plus haut possible au-dessus de la tête, les bras dans la position verticale, les doigts se faisant face ; descendre les poings à la hauteur des épaules, les coudes ouverts ; imprimer aux poings un mouvement de rotation en dedans et les ramener énergiquement à leur place en rasant le corps et les cuisses, le dessus de la main en avant. Continuer ainsi jusqu'au commandement de *cessez.*

A ce commandement reprendre la position.
Cet exercice est cadencé par un rhythme.

Mouvement horizontal des avant-bras.

15. L'instructeur commande :

1. *Attention.*
2. *Mouvement horizontal des avant-bras.*
3. COMMENCEZ.
4. CESSEZ.

Au 2ᵉ commandement, étendre les avant-bras

parallèlement en avant, les poings fermés, les ongles en dedans.

Au commandement de *commencez*, retirer vivement les coudes en arrière, en rasant le corps, les avant-bras fléchis; les reporter en avant et continuer ainsi jusqu'au commandement de *cessez*.

Cet exercice est cadencé par un rhythme.

Étendre les bras latéralement et verticalement.

16. Les hommes sont à trois pas d'intervalle.

L'instructeur commande :

1. *Attention*.
2. *Etendez les bras latéralement et verticalement*.
3. COMMENCEZ.
4. CESSEZ.

Au 2e commandement, étendre simultanément les bras à droite et à gauche, la paume de la main ouverte et tournée vers le sol, les doigts joints et tendus; au 3e commandement les élever verticalement au-dessus de la tête, les mains se touchant par leur bord interne, les pouces croisés ; dans cette position fléchir et allonger les bras par saccades à plusieurs reprises, sans que les mains ne se séparent; revenir à la première position en laissant tomber les mains à droite et à gauche et continuer l'exercice jusqu'au commandement de *cessez*.

Rotation des bras.

14. Les hommes sont à trois pas d'intervalle.
L'instructeur commande :

1. *Attention.*
2. *Circumduction des bras.*
3. COMMENCEZ.
4. CESSEZ.

Au commandement de *commencez*, lancer avec force le bras droit tendu en avant, le poing fermé; lui faire parcourir un cercle de bas en haut ou de haut en bas, le poing rasant la cuisse ; continuer ainsi jusqu'au commandement de *cessez*.

Exécuter ensuite ce mouvement du bras gauche, et enfin des deux bras simultanément.

Cet exercice s'exécute à divers degrés de vitesse.

Mouvements des jambes.

Fléchir la jambe

17. L'instructeur commande

1. *Attention.*

2. *Flexion de la jambe* { *Cadence modérée* (1) *(ou accélérée) (ou de course).*

3. MARCHE.
4. HALTE.

Au commandement de *marche*, fléchir la jambe gauche en arrière le plus haut possible, en conservant la cuisse et le corps droits; ramener le pied à terre ; exécuter le même mouvement de la jambe droite et continuer ainsi.

---

(1) La cadence modérée est de 76 mouvements par minute ; la cadence accélérée de 120, et la cadence de course de 200.

Fléchir la cuisse et la jambe.

18. L'instructeur commande :

1. *Attention.*
2. *Flexion de la cuisse et de la jambe* ⎰ *Cadence modérée* (1) *(ou accélérée). (ou de course).*
3. MARCHE.
4. HALTE.

Au commandement de *marche*, élever le genou gauche, la cuisse placée horizontalement, la jambe tombant naturellement, la pointe du pied baissée et légèrement tournée en dehors ; ramener le pied à terre ; exécuter le même mouvement de la jambe droite et continuer ainsi.

Cet exercice et le précédent s'exécutent en maintenant la tête, le corps et les bras dans leur position ; ils cessent au commandement de *halte.*

Dans le mouvement modéré et accéléré, le pied porte en totalité sur le sol, la pointe du pied arrivant la première.

Dans la cadence de course, le mouvement s'exécute par un sautillement alternatif sur la pointe des pieds.

19. Cet exercice et celui qui le précède s'exécutent aussi en mettant les mains sur les hanches ; l'instructeur commande dans ce cas :

---

(1) La cadence modérée est de 76 mouvements par minute ; la cadence accélérée de 120, et la cadence de course de 200.

1. *Mains sur les hanches.*
2. *Flexion de la jambe, etc., etc.*
3. MARCHE.

Au 1er commandement, placer les mains sur les hanches, les doigts réunis en avant, les pouces en arrière.

Ces exercices de flexion sont soumis à un rhythme.

Fléchir sur les extrémités inférieures.

20. L'instructeur commande :

1. *Attention.*
2. *Flexion sur les extrémités inférieures.*
3. COMMENCEZ.
4. CESSEZ.

Au 2e commandement, rapprocher les pieds l'un contre l'autre, en portant le poids du corps en avant.

Au commandement de *commencez*, abaisser lentement le corps en pliant les jarrets, de manière que les cuisses touchent, autant que possible, les mollets, les bras tombant le long du corps, le poids du corps portant sur la pointe des pieds ; se relever ensuite graduellement, le corps d'aplomb.

Pour faire cesser le mouvement, l'instructeur commande : *cessez*, au moment où l'homme se relève.

Ce mouvement peut être soumis à un rhythme.

Exercices pyrrhiques.

23. L'instructeur commande :

1. *Exercice pyrrhique* (extrémités droites en avant).
2. EN POSITION.
3. MARCHE.
4. HALTE.

Au 2ᵉ commandement, faire un demi-à-gauche sur le talon gauche, porter le pied droit en avant, le talon à 41 centimètres du milieu du pied gauche, le jarret droit plié, la jambe gauche tendue, le bras droit allongé en avant, le poing fermé et à hauteur de l'épaule, les ongles légèrement en dessus, le bras gauche peu fléchi et incliné le long du corps, le poing fermé et à environ 16 centimètres de la cuisse, les ongles vers la cuisse, le haut du corps penché en avant, la tête droite, les yeux fixés devant soi, l'épaule gauche effacée.

Au commandement de *marche*, redresser le corps, rapporter le talon droit près du milieu du pied gauche sans toucher la terre, tourner en même temps l'avant-bras droit de manière que, décrivant un cercle de bas en haut, le poignet vienne raser la poitrine à la hauteur du téton droit ; porter brusquement le poing en avant, les ongles légèrement en dessus, se fendre de la jambe droite à environ 65 centimètres, le pied frappant le sol avec force, le haut du corps en avant ; la jambe gauche reste tendue, le pied à

1.

plat, le bras gauche tourné en dehors et allongé le long de la cuisse.

Continuer ainsi jusqu'au commandement de *peloton* HALTE. A ce commandement, se relever, faire un demi-à-droite sur le talon gauche et revenir à la position.

On exerce les extrémités gauches d'après les mêmes principes.

Cet exercice se cadence par un rhythme.

Équilibres.

Se tenir sur une jambe, l'autre ployée en avant.

24. L'instructeur commande :

  1. *Attention.*
  2. *Equilibre sur le pied droit, la jambe gau-*
     che ployée en avant.
  3. EN POSITION.
  4. *En place*—REPOS.

Au 2ᵉ commandement porter tout le poids du corps sur le pied droit.

Au 3ᵉ commandement, lever le genou gauche le plus haut possible, placer les doigts croisés sur le milieu de la jambe, serrer le plus possible la cuisse contre le ventre et la jambe contre la cuisse, le pied tombant naturellement, le corps droit. Se tenir dans cette position jusqu'au commandement de *en place* REPOS. A ce commandement, lâcher la jambe gauche et revenir à la position.

L'équilibre sur le pied gauche s'exécute d'après les mêmes principes.

Se tenir sur une jambe, l'autre ployée en arrière

25. L'instructeur commande :

1. *Attention.*
2. *Equilibre sur le pied droit, la jambe gauche ployée en arrière.*
3. EN POSITION.
4. *En place*—REPOS.

Au 2e commandement porter tout le poids du corps sur le pied droit.

Au 3e commandement fléchir la jambe gauche en arrière, la saisir en dehors au cou-de-pied avec la main gauche, l'appuyer fortement sur la cuisse qui reste verticale, le bras droit en l'air, le poing fermé, les ongles en dedans; se tenir dans cette position jusqu'au commandement de *en place* REPOS; lâcher alors la jambe et revenir à la position.

L'équilibre sur le pied gauche s'exécute d'après les mêmes principes.

Se pencher en avant sur un pied.

27. L'instructeur commande :

1. *Attention.*
2. *Equilibre sur le pied droit, le corps penché en avant.*
3. EN POSITION.
4. *En place*—REPOS.

Au 2e commandement, porter tout le poids du corps sur le pied droit.

Au 3e commandement, porter le corps en avant le bras gauche tendu, le poing à hauteur de l'épaule, les ongles en dedans; fléchir la jambe droite, l'épaule droite légèrement effacée, le bras droit et la jambe gauche allongés en arrière le plus possible, le poing fermé, les ongles en avant, la pointe du pied dirigée vers la terre. Se tenir dans cette position jusqu'au commandement de *en place* REPOS. A ce commandement, revenir à la position.

L'équilibre sur le pied gauche s'exécute d'après les mêmes principes.

Se pencher en arrière sur un pied.

28. L'instructeur commande :

1. *Attention.*
2. *Equilibre sur le pied droit, le **corps** penché en arrière.*
3. EN POSITION.
4. *En place*—REPOS.

Au 2ᵉ commandement, porter tout le poids du corps sur le pied droit.

Au 3ᵉ commandement, porter le haut du corps en arrière le plus possible, en fléchissant la jambe droite, le bras et la jambe gauche tendus en avant les poings fermés, les ongles en dedans, le bras droit pendant naturellement.

Se tenir dans cette position jusqu'au commandement de *en place* REPOS.

L'équilibre sur le pied gauche s'exécute d'après les mêmes principes.

Se pencher à droite ou à gauche sur un pied

29. L'instructeur commande :

1. *Attention.*
2. *Equilibre sur le pied droit, le corps penché
  à droite.*
3. EN POSITION.
4. *En place*—REPOS.

Au 2* commandement, porter tout le poids du corps sur le pied droit.

Au 3° commandement, incliner le haut du corps à droite, le plus possible, le bras droit pendant naturellement, la jambe et le bras gauches tendus et levés vers la gauche, le poing fermé, les ongles en avant.

Se tenir dans cette position jusqu'au commandement de *en place* REPOS.

L'équilibre sur le pied gauche s'exécute d'après les mêmes principes.

Courses.

21. Les hommes sont placés dans les chaînes gymnastiques (1), sur un rang, par le flanc, et à trois pas d'intervalle.

L'instructeur commande :

1. *Peloton en avant.*
2. *Course cadencée.*
3. MARCHE. -
4. HALTE.

Au 1er commandement, porter tout le poids du corps sur la jambe droite.

---

(1) On simule au besoin les chaînes en traçant des cercles sur le sol.

1..

Au commandement de *marche*, porter vivement le pied gauche en avant, la jambe légèrement ployée, poser la pointe du pied à terre, à un mètre du pied droit, passer la jambe droite de la même manière et continuer ainsi en portant le poids du corps sur la jambe qui pose à terre et en laissant aux bras leur mouvement naturel.

Le premier homme (un moniteur ou un homme bien dressé) parcourt successivement toutes les sinuosités des chaînes, sans s'arrêter ; les autres le suivent en conservant leur distance.

22. Lorsque les hommes se rencontrent aux intersections des cercles (ou pistes), ils raccourcissent ou allongent le pas afin de ne pas se heurter, et pour éviter que deux hommes ne passent dans le même intervalle.

L'instructeur se place de manière à surveiller cet exercice dans tous ses détails et arrête le peloton lorsqu'il le juge convenable.

La vitesse du pas de course cadencée est de 200 mouvements par minute.

Sauts à pied joints.

---

§ 1ᵉʳ. Sauts en avant.

1ᵉʳ EXERCICE. — *Sauts en largeur en avant.*

74. L'instructeur commande :

1. *Attention.*
2. *Saut en largeur en avant.*
3. UN.
4. DEUX.
5. TROIS.

Au 2ᵉ commandement, l'homme ferme la pointe des pieds. Au commandement de *un*, il fléchit sur les extrémités inférieures en soulevant légèrement les talons et en tendant les bras en arrière, les poings fermés. Il se redresse, les bras tombant naturellement.

Au commandement de *deux*, il répète ce mouvement.

Au commandement de *trois*, il recommence le même mouvement, étend vivement les jarrets en jetant les bras en avant, franchit la distance ou l'obstacle, tombe sur la pointe des pieds, fléchit et se redresse.

2ᵉ EXERCICE. — *Saut en hauteur.*

75. L'homme étant de pied ferme devant une table, un banc, etc., l'instructeur commande :

1. *Attention.*
2. *Saut en hauteur.*
3. UN.
4. DEUX.
5. TROIS.

A ces divers commandements, l'homme exécute ce qui a été prescrit pour le saut en largeur, avec cette différence qu'au commandement de *trois*, il lance les bras en l'air pour aider à l'ascension du corps.

Lorsque la table, etc., etc., est trop près pour permettre d'enlever les jambes en avant, l'homme les ploie en arrière.

3e EXERCICE. — *Saut en profondeur simple.*

76. L'homme étant monté sur un mur, une table, un banc, etc., l'instructeur commande :

1. *Attention.*
2. *Saut en profondeur simple en avant.*
3. UN.
4. DEUX.
5. TROIS.

Au 2° commandement, l'homme ferme la pointe des pieds et les place légèrement en saillie.

Au commandement de *un*, il fléchit légèrement les extrémités inférieures en portant les poings en l'air, les bras tendus parallèlement et revient à sa position.

Au commandement de *deux*, il répète ce mouvement.

Au commandement de *trois*, il fléchit de nouveau sur les extrémités inférieures, de manière à diminuer le plus possible la hauteur du corps, quitte l'élévation où il se trouve en allongeant les jambes et en portant les bras en l'air, tombe sur la pointe des pieds en fléchissant et reprend sa première position.

4e EXERCICE.—*Saut en largeur et profondeur en avant.*

77. L'homme étant monté sur un mur, une table, etc., l'instructeur commande :

1. *Attention.*
2. *Saut en largeur et profondeur.*
3. UN.
4. DEUX.
5. TROIS.

A ces divers commandements, l'homme exécute ce qui a été prescrit pour le saut en largeur, en ayant soin toutefois de porter les bras en avant, au départ, et en l'air, à la chute.

5° EXERCICE. — *Saut en largeur et hauteur.*

78. L'instructeur fait placer l'homme à quelque distance de l'objet sur lequel il doit sauter et commande :

1. *Attention.*
2. *Saut en largeur et hauteur.*
3. UN.
4. DEUX.
5. TROIS.

Ce saut s'exécute comme le saut en hauteur, avec cette différence qu'il faut porter les bras en avant, puis en l'air en mesurant la force du mouvement à la hauteur du point sur lequel on doit arriver.

6° EXERCICE. — *Saut en hauteur et profondeur.*

79. L'instructeur fait placer l'homme près de l'objet qu'il doit franchir et commande :

1. *Attention.*
2. *Saut en hauteur et profondeur.*
3. UN.
4. DEUX.
5. TROIS.

A ces divers commandements, l'homme exécut ce qui a été prescrit pour le saut en hauteur, mais au lieu de s'arrêter sur l'obstacle, il le franchit, et se conforme, en tombant, aux principes du saut en profondeur simple.

7e EXERCICE. — *Saut en largeur, hauteur et profondeur.*

80. L'homme étant de pied ferme et ayant à franchir un obstacle en largeur, hauteur et profondeur, l'instructeur commande :

1. *Attention.*
2. *Saut en largeur, hauteur et profondeur.*
3. UN.
4. DEUX.
5. TROIS.

Ce saut s'exécute d'après les principes prescrits pour le saut en largeur et hauteur, mais au lieu de s'arrêter sur l'obstacle, l'homme prend assez d'élan pour passer par-dessus et arriver de l'autre côté, de la manière indiquée pour le saut en largeur et profondeur.

Il n'est pas nécessaire que le terrain au delà de l'obstacle soit de niveau avec le point de départ.

§ 2°. — *Sauts de côté.*

1er EXERCICE. — *Saut en largeur, vers la droite ou vers la gauche.*

81. L'instructeur commande :

1. *Attention.*
2. *Saut en largeur vers la droite.*
3. UN.
4. DEUX.
5. TROIS.

Au 2ᵉ commandement, l'homme ferme la pointe des pieds. Au commandement de *un,* il fléchit les jarrets en tendant les bras vers la gauche et se redresse, les bras tombant naturellement.

Au commandement de *deux,* il répète ce mouvement.

Au commandement de *trois,* il recommence ce mouvement avec plus d'énergie, fléchit légèrement les extrémités inférieures, s'élance vers la droite, le plus loin possible, en jetant vivement les bras dans la même direction, tombe sur la pointe des pieds, fléchit et se redresse.

Le saut en largeur à gauche s'exécute d'après les mêmes principes.

2ᵉ EXERCICE. — *Saut en largeur et profondeur vers la droite* (ou *vers la gauche*).

82. Ce saut est le même que le précédent, mais exécuté d'un point élevé; l'homme lance les bras à droite au départ et en l'air à la chute.

§ 3ᵉ. — Sauts en arrière.

1ᵉʳ EXERCICE. — *Saut en largeur en arrière.*

83. L'instructeur commande :

1. *Attention.*
2. *Saut en largeur en arrière.*
3. UN.
4. DEUX.
5. TROIS.

Au 2ᵉ commandement, l'homme ferme la pointe des pieds.

Au commandement de *un*, il fléchit sur les jambes, porte les bras en avant et se redresse les bras tombant naturellement.

Au commandement de *deux*, il recommence.

Au commandement de *trois*, il fléchit de nouveau sur les jambes en portant les bras en avant; puis, par un mouvement vif et simultané d'extension des jambes et de rétraction des bras, il s'élance en arrière.

2° EXERCICE. — *Saut en profondeur simple en arrière.*

84. Les hommes sont placés sur un mur, une table, etc., etc.

Ce saut s'exécute comme le précédent, avec cette différence que l'homme ne se donne qu'une très-légère impulsion en arrière et élève les bras en tombant.

3° EXERCICE. — *Saut en largeur et profondeur en arrière.*

85. Il s'exécute comme le précédent, en prenant un élan plus énergique pour franchir le plus d'espace possible.

4° EXERCICE — *Saut en profondeur en arrière, en prenant un point d'appui avec les mains.*

86. L'homme étant debout sur un mur, une poutre, une plate-forme, etc., etc., l'instructeur commande :

1. *Attention.*
2. *Saut en profondeur en arrière en prenant un point d'appui.*

3. UN.
4. DEUX.
5. TROIS.

Au 2e commandement, l'homme jette un coup d'œil sur l'endroit où il doit tomber, se retourne, joint la pointe des pieds, met les talons en saillie, fléchit sur les extrémités inférieures, le haut du corps en avant, place les mains en dehors des pieds et saisit le bord de la table ou du mur, les quatre doigts en dessus, le pouce en dessous.

Au commandement de *un*, il soulève légèrement le corps sans bouger les mains, en appuyant sur la pointe des pieds.

Au commandement de *deux*, il recommence.

Au commandement de *trois*, il recommence encore, lance les jambes en arrière en les allongeant ainsi que le corps, détache les mains, tombe à terre en fléchissant et porte le haut du corps en avant, les bras en l'air.

Ce saut s'exécute aussi en largeur et profondeur, en lançant les jambes et le corps presque horizontalement en arrière.

Sauts précédés d'une course.

1er EXERCICE. — *Saut en largeur en avant.*

87. L'instructeur désigne successivement chaque homme, qui se porte à 12 ou 15 pas du sautoir ou de l'obstacle à franchir.

A l'avertissement de l'instructeur, l'homme désigné part vivement, en observant de faire les

mouvements de progression d'autant plus précipités qu'il approche davantage du point indiqué;
arrivé à ce point, il presse le sol du pied qui est
en avant, donne un fort mouvement d'extension
à la jambe, s'élance le plus loin possible, le corps
ramassé, les jambes ployées et réunies, les poings
fermés, les bras tendus parallèlement et à hauteur
des épaules, tombe à terre sur la pointe des pieds
et fléchit, en conservant les bras tendus en avant,
la tête droite.

88. 2° EXERCICE.—*Saut en largeur et profondeur.*

3° EXERCICE.—*Saut en largeur et hauteur.*

4° EXERCICE.—*Saut en largeur, hauteur et profondeur.*

Ces différents sauts, précédés d'une course,
s'exécutent d'après les principes prescrits pour le
saut précédent, en se conformant toutefois, pour
la position des bras, à ce qui est indiqué pour les
sauts à pieds joints.

Dans les sauts en hauteur, plus l'obstacle à
franchir est élevé, plus la distance du point de
départ doit être grande, et plus on doit rassembler le corps.

89. Pour l'exécution des sauts précédents,
l'instructeur peut partager les hommes en deux
sections ou pelotons qu'il place par le flanc, la
tête de chaque rang faisant face au sautoir ou à
l'obstacle. A un signal de l'instructeur, le n° 1
de chaque peloton exécute le saut prescrit, dépasse l'obstacle, converse en dehors et regagne
la gauche du peloton ; le numéro suivant exécute
les mêmes mouvements, et ainsi de suite dans
chaque peloton, jusqu'au commandement de *halte*
de l'instructeur.

Comme complément des exercices du saut, l'instructeur dispose un terrain propre à faire l'application de tous les principes prescrits; à cet effet, il y place des bancs, des barrières, des tables, des pierres, etc., etc.

Paris.—Imprimerie J. DUMAINE, rue Christine, 2.

TABLE DES MATIÈRES

TITRE PREMIER
BASES DE L'INSTRUCTION

TITRE DEUXIÈME
ÉCOLE DU SOLDAT

PREMIÈRE PARTIE

DEUXIÈME PARTIE

Paris. — Imp. de J. Dumaine, rue Christine, 2.

Fisch, répétiteur d'art militaire et de fortification à l'école militaire de Belgique.—Études sur la tactique. Matières d'examen du programme B pour les lieutenants d'infanterie. Bruxelles, 1872, 1 vol. in-18 avec 10 planches. 4 fr.

Forsanz, capitaine au 14e dragons, officier d'ordonnance de M. le maréchal Canrobert. — Conférences de M. le général Roth de Schreckenstein sur le service de sûreté en campagne, la tactique et la stratégie, à l'usage des officiers subalternes de cavalerie. (Extrait du *Journal des sciences militaires*). In-8 avec 5 pl. 3 fr. 50

Grandin, capitaine au 25e régiment d'infanterie. — La tactique du bataillon d'après le major Hugo Helvig. (Extrait du *Journal des sciences militaires*). Broch. in-8 avec 6 planch. 2 fr. 50

Happich. — Tactique élémentaire de la cavalerie prussienne, d'après l'ouvrage allemand du général-major P.-A. Paris ; traduit par Happich, capitaine au 40e dragons. In-12. 2 fr. 50

Hardy (E.), capitaine adjudant-major au 130e de ligne.— Conférences régimentaires sur la fortification, à l'usage des officiers d'infanterie et de cavalerie de l'armée territoriale et de la réserve de l'armée active, des écoles régimentaires et des volontaires d'un an. (Extrait du *Journal des sciences militaires*). 2e tirage 1 vol. in-8 avec figures. 3 fr.

Instruction spéciale pour le transport des troupes d'infanterie par les voies ferrées. — Extr. du Règlement général pour les transports milit. (décret du 1er juillet 1874). In-18 avec planches. 50 c.

— La même, pour le transport des troupes de cavalerie. In-18. 50 c.

— La même, pour le transport des troupes d'artillerie et du train des équipages. In-18. 75 c.

Lallemand (A.), officier supérieur d'état-major.—Traité théorique et pratique des opérations secondaires de la guerre. Paris, 1824, 2 vol. in-8 et atlas. 48 fr.

Cet excellent ouvrage est divisé en 58 chapitres traitant des détails de la guerre ; l'atlas contient 44 plans topographiques coloriés, avec sommaires et légendes pour servir à l'intelligence des mouvements, etc., etc.

Langlois (A.), lieutenant d'infanterie. — Règlement sur
les manœuvres de l'infanterie belge, annoté d'après les
ouvrages les plus récents.

— Première partie : Exercices de tirailleurs In-12, 2 fr. 50
— Deuxième partie : Indications générales pour servir à
l'exécution des exercices de combat. In-12.　　2 fr. 50

Lelouterel, général de brigade.—Manuel des reconnaissances militaires en ce qui concerne les officiers et sous-
officiers d'infanterie, contenant : 1° un aperçu de reconnaissances militaires ; 2° des notions indispensables à la
géométrie; 3° des éléments de topographie militaire ;
4° des éléments de fortification passagère ; 5° des données
sur l'art de la petite guerre ou guerre des postes. —
6° édit. Paris, 1872, in-8 avec 10 planches, dont 1 colo-
riée et 113 figures dans le texte.　　5 fr.

Lewal (général). — Etudes de guerre. 2° volume : Tactique de mobilisation. Tactique de combat. In-8 avec
figures dans le texte.　　6 fr.
— Le 1er volume des Etudes de guerre : partie organique,
in-8 de 474 pages, est également du prix de　　6 fr.

Manuel des connaissances militaires pratiques utiles à
MM. les officiers et sous-officiers d'infanterie et de cavalerie (Topographie militaire. Exécution d'un dessin
pittoresque. Fortification. Artillerie. Reconnaissances,
étude, organisation et emploi du terrain, petites opérations, statistique. Quelques principes. l'hygiène, etc., etc.
Compte rendu d'une reconnaissance, exemples d'une question à traiter), par un officier d'état-major. 5e édit., 1 vol.
in-18 avec nombreuses figures gravées dans le texte. 5 fr.
Nota. La 6e édition, considérablement augmentée, est sous
presse.

Manuel de l'instructeur de tir à l'usage des officiers et
des écoles militaires. — Approuvé par le Ministre de la
guerre le 19 novembre 1872. Paris, 1873, in-8° avec
grand nombre de figures dans le texte.　　1 fr.

Meckel.—Guide du jeu de guerre, simplifié et perfectionné
par Meckel, capitaine de l'infanterie prussienne et pro-
fesseur à l'Ecole de guerre de Hanovre ; trad. par
Timmerhans, capitaine d'infanterie belge. In-8 avec
9 planches noires et coloriées.　　3 fr.

Observations sur l'instruction sommaire pour les combats;
l'instruction des tirailleurs ; le service de la cavalerie en
campagne ; le service de l'artillerie en campagne. Paris,
1869, 4 vol. in-18 cartonné.   4 fr.

Ortus, capitaine de tir d'infanterie de marine.—Historique
du feu de l'infanterie et de son influence sur les formations tactiques et le sort des combats. (Extr. du *Journal
des sciences militaires*). In-8.   4 fr.

Paris, général-major au service de Prusse. — Traité de
tactique appliquée, élaboré d'après le programme prescrit
pour les écoles royales de guerre allemandes. 5e édition,
revue et mise en rapport avec les principes inaugurés
pendant la campagne de 1870-1871. Trad. de l'allemand,
annoté et mis en concordance avec les règlements fran-
çais et belges, par H.-C. Fix, major de l'infanterie belge,
et F. Timmerhans, capitaine. In-8 avec 3 pl.   7 fr.

Philebert (C.), colonel du 36e de ligne.—Méthode d'instruction des troupes. (Extrait du *Journal des sciences
militaires*). Broch. in-8 avec planches.   3 fr.

Règlement du 12 juin 1875, sur les manœuvres de l'in-
fanterie.
Titre 1er. Bases de l'instruction.
Titre 2. Ecole du soldat, suivie des exercices d'assouplis-
sement. In-18. Edition complète.   75 c.
Le même, sans le rapport au ministre. In-18 cart.   60 c.
Titre 3. Ecole de compagnie. In-18 cartonné.   60 c.

Règlement du 15 mai 1872, pour l'instruction tactique
de l'infanterie italienne. — Trad. de l'italien par
MM. Durosin, chef d'escadron d'état-major, et Joly,
capitaine au 40e de ligne. 2e édit. Paris, 1873, in-18
avec figures dans le texte.   2 fr. 50

Règlement d'exercices et d'évolutions pour la cavalerie
italienne, 1872. Traduit de l'italien, par A. Cersoy, capitaine au 19e dragons. In-18 jésus.   2 fr.

Règlement sur le service en campagne et sur les grandes manœuvres (*armée prussienne*). Traduit au 2e bu-
reau de l'état-major général du ministre de la guerre.
2e édit. in-18 avec figures dans le texte et plan-
ches.   2 fr. 50

France. Ministère de la Guerre
Règlement du 12 juin 1875 sur les 1-2

28113